Enrique Salazar

El arte de venderse

El arte de venderSe

Harry Beckwith
Christine Clifford Beckwith

Traducción
María Candelaria Posada

GRUPO
EDITORIAL
norma

Bogotá, Barcelona, Buenos Aires, Caracas, Guatemala,
Lima, México, Panamá, Quito, San José,
San Juan, Santiago de Chile, Santo Domingo

Beckwith, Harry
    El arte de venderse / Harry Beckwith ; traducción de María
Candelaria Posada. -- Bogotá : Grupo Editorial Norma, 2007.
    280 p. ; 21 cm.
    Título original : You, Inc.
    ISBN 978-958-45-0059-5
    1. Vendedores y arte de vender 2. Comunicación en mercadeo
3. Relaciones con los clientes 4. Autopresentación I. Posada, María
Candelaria, 1949-, tr. II. Tít.
    658.85 cd 21 ed.
    A1114744

    CEP-Banco de la República-Biblioteca Luis Ángel Arango

Título original:
YOU, INC.
The Art of Selling Yourself
de Harry Beckwith y Christine Clifford Beckwith
Una publicación de Warner Business Books
1271 Avenue of the Americas, New York, NY 10020
Copyright © 2006 por Harry Bechwith y Christine Clifford.

Copyright © 2007 para Latinoamérica
por Editorial Norma S. A.
Apartado Aéreo 53550, Bogotá, Colombia.
http://www.librerianorma.com
Reservados todos los derechos.
Prohibida la reproducción total o parcial de este libro,
por cualquier medio, sin permiso escrito de la Editorial.
Impreso por Cargraphics S. A.
Impreso en Colombia — Printed in Colombia

Impresión, septiembre de 2007

Edición, María del Mar Ravassa Garcés y Juan Sebastián Sabogal Jara
Diseño de cubierta, María Clara Salazar Posada
Diagramación, Andrea Rincón Granados

Este libro se compuso en caracteres Adobe Garamond

ISBN: 978-958-45-0059-5

Para Adrian Stump

Contenido

HOGS, APPLES Y LA ROPA INTERIOR DEL ESCRITOR:
COMUNICACIÓN 77

Contenido

Introducción

ESTE LIBRO COMENZÓ COMO TRES LIBROS. El primero, *Cómo vender un millón de dólares (tres millones antes de impuestos)*, iba a ser el primer libro sobre ventas de Christine.

Mientras tanto, Harry pensaba en dos libros. El primero, *Cinturones de seguridad y* Airbags *gemelos,* fue pensado para nuestros hijos y otros que apenas entraban al mundo real. Un libro que, pensaba Harry, los prepararía para la colisión.

Su segundo libro, titulado *¿Quién movió mi tenedor de ensalada?,* trataba sobre modales. También pensó en nuestros hijos cuando concibió el libro, con la esperanza de que sus modales y amabilidad mejoraran su vida, la propia y la de los demás.

Ahora esos tres libros se han convertido en uno solo: el que usted tiene en sus manos.

Este libro refleja una lección que proviene de una experiencia compartida. Los dos hablamos. Después de unas pocas presentaciones nos dimos cuenta de que aunque el anfitrión nos haya pedido que hablemos sobre negocios, la audiencia quiere algo más. Quiere inspiración y una vida más plena. Algunos se preocupan si no encuentran una de las dos, y más si no encuentran ninguna, en el mundo laboral.

Nuestra experiencia nos asegura que sí es posible, y así debe ser. La vida pasa volando y queremos que el viaje sea maravilloso.

Examinamos diversas fuentes en busca de respuestas. Estudiamos gente con éxito en muchas de las empresas con las cuales trabajamos. Nos encontramos con algunas personas especiales, pocas, aquéllas que la psicóloga y autora de *Pasajes,* Gail Sheehy, alguna vez denominó "personas con un alto nivel de bienestar", y nos sentamos a hablar con ellas para ver qué podíamos aprender y comunicar.

También examinamos nuestras propias experiencias, con énfasis en los errores. Como alguna vez cantó nuestro colega de Minnessota, Bob Dylan: "No hay mayor éxito que el fracaso". Eso está bien, pero los errores, a pesar de ser grandes maestros, no son divertidos. Esperamos compartir con este libro nuestras lecciones para evitarle el sufrimiento que las acompañó, esperamos que dos cabezas sean mejor que una y que un libro sea mejor que tres. Además, esperamos que usted disfrute la lectura de este libro tanto como nosotros disfrutamos al escribirlo y vivirlo.

Dieciséis velas
y *meseras sagaces*:

Lo que la gente compra

Vivir es vender

Es probable que a usted no le guste vender, que ni siquiera le guste la sola idea de hacerlo.

Desde la niñez, lo han condicionado para que no le guste. En los cuentos de vendedores de aceite de serpiente, en obras como *La muerte de un viajante* y *Glengarry Glen Ross* o en películas como *Cuarto de calderas,* las imágenes de los vendedores irradian pesimismo. Vender es deshonesto, deshumanizante y cruel, y sólo los más hábiles sobreviven.

Por un tiempo, a algunos les gusta. Pero por ahora dejemos eso a un lado. En cambio, hablemos de un hecho que a menudo no se tiene en cuenta:

Vivir es vender.

Remóntese a la niñez y recuerde todas las llamadas de ventas que hizo. Usted montó un esquema de ventas con el fin de que sus padres lo llevaran a Disneylandia, aumentaran su mesada y alargaran su hora de volver a casa. Los convenció de que lo dejaran dormir en otras casas, de que le dieran una nueva bicicleta y quizás de que le regalaran su primer automóvil. De hecho, les vendió la idea de que el accidente "no fue culpa mía", y les vendió un reporte de calificaciones que no era muy bueno, y así sucesivamente.

Su carrera de vendedor en la infancia lo preparó para la edad adulta, cuando quiso que la universidad lo admitiera, que lo emplearan en algún trabajo y cuando obtuvo una rebaja al comprar un automóvil.

Les vendió la idea a sus amigos de ir a su restaurante favorito. Una pareja de esposos venden constantemente. ¿Cuál película vamos a ver? ¿Quién lleva al perro al veterinario? ¿Quién va a hacer las compras?

Y así sucesivamente.

La pregunta no es si usted es un vendedor. La pregunta es cómo podría volverse más eficiente.

E igualmente importante es preguntarse cómo podría hacer de su vida una experiencia más enriquecedora.

La respuesta a una de las preguntas resuelve la siguiente.

Vivir es vender.
El camino hacia el éxito en la vida
y en las ventas es él mismo.

El corazón de cada transacción

Los vendedores sin experiencia comienzan con el precio y el producto, luego hablan de la compañía. Sólo hasta el final, y tal vez ni lo hagan, se venden a sí mismos.

Los vendedores con experiencia proceden en la dirección opuesta. Se venden a sí mismos y a su organización, luego hablan del producto. Al final, sólo hasta el final, dicen: "Ahora hablemos de lo poco que esto cuesta, si tiene en cuenta todos los beneficios que va a obtener".

Lo primero es venderse usted mismo.

Lo que usted realmente vende

Cuando somos adultos oímos la palabra "popularidad" y casi suena como un artefacto extraído de los restos de nuestros antiguos colegios. El director de cine John Hughes sintió esto y se dio cuenta de que sus audiencias adultas también lo harían, cuando hizo su clásica película *Sixteen Candles* (Dieciséis velas).

La película es un relato familiar sobre la adolescencia y el colegio, y tiene un momento clásico. La niña bonita visualiza su futuro con el buen mozo de su novio y describe para él un cuadro de su felicidad compartida:

"Estamos casados y somos la pareja más popular de la ciudad".

La audiencia se ríe. Pero un día nos damos cuenta de que la vida *es* más como la secundaria de lo que hemos soñado y esa observación inane en la película de Hughes describe nuestro futuro. Meryl Streep también nos advirtió sobre esto una vez: "Pensé que la vida sería como la universidad, pero no lo es", dijo. "La vida es como la secundaria".

La actriz lamentaba que el conocimiento, el cual los profesores parecían valorar tanto, no importara tanto en la vida como ella esperaba, mientras que la popularidad parece ocupar un lugar más importante.

Todas los colegios tienen su Ardis Peters. Sus padres no eran pudientes. Su rostro parecía más peculiar que hermoso.

Nunca trató de ser parte de las porristas y tal vez no hubiera podido serlo. Sin embargo, nadie podía resistirse ante ella, poseía una cualidad que todos amábamos pero que pocos entendíamos o podíamos definir.

Sólo sabíamos que nos gustaba. Al mirar hacia atrás la razón está clara: Ardis tenía un sentimiento hacia la vida que era muy atrayente; al estar cerca de ella se compartía ese sentimiento.

Los recuerdos pueden llevarnos más atrás, al colegio con Carla Stand. Aun a los siete años ella amaba la vida y ésta le devolvía el abrazo. Todos querían ser parte de su vida, porque la disfrutaba tanto y lo transmitía.

Meryl Streep, Ardis y Carla nos enseñan una importante lección. Sí, usted vende sus actitudes en la vida. Usted vende lo que sabe que puede hacer. Si al usar sus cualidades, usted es capaz de ayudar a suficientes personas, se convertirá en alguien seguro de sí mismo y puede volverse rico.

Más allá de eso, sin embargo, lo más importante de vender es literalmente a usted mismo: *lo que usted es*. Las personas "compran" a los optimistas porque disfrutan de su compañía. "Compran" a las personas con integridad porque éstas hacen lo que dicen. Como una buena máquina de lavar, las personas íntegras son personas de fiar.

Nuestra educación nos lleva a dominar un oficio. Pero ¿cómo debemos comportarnos, actuar y sentir? Eso no se aprende en el colegio y muchos profesores dan ejemplos que no se deben seguir.

Pero Meryl Streep, Ardis y Carla nos recuerdan que sí aprendimos algo en secundaria: la actitud importa. *La actitud vende.*

Desarrolle sus aptitudes, afínelas cada día más. Pero nunca olvide que las personas lo compran a usted *completo*.

El éxito y la plenitud provienen
de un desarrollo integral,
empezando por las partes más profundas.

Lo que la gente valora

Para saber lo que las personas realmente valoran, obsérvelas cuando hacen lo que dicen.

Observe qué propinas dan.

Muchos estudios sobre los que frecuentan restaurantes muestran que las personas no dan una mejor propina por haber sido atendidas en una forma perfectamente eficiente y rápida que la que darían por haber sido atendidos con relativa lentitud.

En cambio, las personas tienden a dar una mejor propina cuando el mesero los hace sentir bien. Si la persona toca brevemente al comensal, por ejemplo, recibe una mayor propina. Una cálida sonrisa, un " qué bueno verlo de nuevo, señor Pérez", o cualquier señal de "usted me agrada" le proporcionará una mejor propina.

Recientemente, cuando la revista *The New Yorker* registró estos descubrimientos, un comentarista afirmó que estaba perturbado. ¿Por qué rehusamos pagar más por una mejor "calidad en el servicio", pero en cambio pagamos más por gestos triviales de una aparente amistad?

Pagamos más por esos "gestos triviales" porque no son triviales; son lo que valoramos del servicio.

Las personas valoran, y pagan más,
por la forma en que usted las hace sentir.

Nada más que sentimientos

Una de las compañías de seguros más grandes del mundo entrevistó otras empresas con el fin de que se hicieran cargo de la nómina. Después de entrevistar a tres firmas finalistas, los miembros del comité de selección estaban perplejos. Se decidieron por una solución perfecta.

Visitaron las oficinas de cada finalista, hicieron un pequeño paseo y "sintieron" cada lugar.

Al entrar a la recepción de la tercera compañía, de alguna manera algo se "sintió bien" de inmediato. Se quedaron allí menos de cuatro minutos y luego se dirigieron a casa.

Desde el aeropuerto llamaron a la tercera compañía para darle la buena nueva millonaria.

Con frecuencia, ésa es la diferencia. No una competencia superior. No más años de experiencia. Tan sólo algo pequeño, como la sensación que usted transmite a las personas.

Las personas compran sentimientos.

Besarse desde China hasta *Graceland:*

PLANEAR Y PREPARAR

"Tener el objetivo en la cabeza"

Alguien nos preguntó cómo nos hicimos autores.

"Dimos una conferencia".

Años después, nos preguntaron cómo nos hicimos conferencistas.

Cada uno dio una respuesta igualmente honesta:

"Escribimos un libro".

No era nuestra intención convertirnos en conferencistas ni autores. Simplemente hicimos lo que amábamos. No teníamos un objetivo en mente. Tan sólo había un camino que nos gustaba recorrer.

CCB: Toda la vida la gente me decía: "Christine, deberías ser escritora". Esto hacía que me preguntara por qué nunca había seguido mi pasión, y siempre me encontraba con la misma respuesta: no sentía que hubiera un tema del cual supiera suficiente.

Cuatro semanas después de mi cirugía de cáncer de seno, en diciembre de 1994, me desperté a media noche con una visión: caricaturas. Casi cincuenta caricaturas relacionadas con el cáncer de seno comenzaron a llenarme la cabeza.

Pasaron días, semanas y meses mientras terminaba los tratamientos. Las caricaturas se convirtieron en algo central cuando buscaba señales de humor en mis horas difíciles. Mientras más buscaba más encontraba.

Doce meses después firmé un contrato no para uno, sino para dos libros sobre cómo usar el humor para sobrellevar el cáncer, con las caricaturas. Si hubiera tenido el "objetivo" de convertirme en autora quizás nunca habría escrito un libro. Sólo seguía mis pasiones y una noche, los dos libros surgieron.

Un póster de Nike de la década de 1970 lo decía: "No hay meta". No hay "objetivo". La vida sigue hasta que se detiene. Usted busca algún paraíso y luego se da cuenta de que no lo es. O llega a su destino sólo para darse cuenta de que no es el fin. Con frecuencia, ni siquiera es una parada en el camino.

¿Debe fijarse metas? Tal vez, especialmente si las necesita para actuar. Pero si las metas son lo único que lo impulsa, fíjese otra meta:

Encuentre la motivación en algo más que las metas.

¿En dónde debe buscar? En lo más profundo.

El verdadero papel de fijarse metas

Cuando era joven y pobre, el actor Jim Carrey escribió una nota en un pedazo de papel, lo puso en el bolsillo de la camisa, y lo dejó allí hasta que no lo necesitó más.

La nota decía: "Tener un millón de dólares".

De historias como las de Jim Carrey suponemos que fijarse metas es el primer paso para alcanzarlas. Suponemos que Jim Carrey hizo un millón de dólares porque se fijó esto como una meta y lo escribió. Si un libro de autoayuda no dice: "Fíjese metas", pensamos que es un libro extraño.

Pero hay un malentendido con "fijarse metas".

Primero, usted tiene metas fijas así no las haya escrito. Tiene cuidado con lo que come, quiere correr seis kilómetros con menor esfuerzo, quiere acercarse a su padre. Rara vez piensa en estos "objetivos", pero en un momento dado estos pensamientos le cruzan por la cabeza y se dedica a ellos. Usted se fija metas; son pocos los seres humanos que no lo hacen.

Sin embargo, el valor de fijarse metas no proviene sólo de los objetivos. Viene de la planeación y del conocimiento que esto conlleva. Al fijarse metas con otras personas usted aprende. Aprende lo que los demás valoran. Aprende más sobre ellos. Esto le ayuda a tomar decisiones mejores y más informadas cada día.

En el mundo de los negocios esto también es cierto, por lo general. El valor de un plan de negocios rara vez proviene de los objetivos y las estrategias. Dichos objetivos y estrategias cambian con tanta frecuencia que en la mayoría de los planes de negocios es mejor pensar: "¿Qué planeamos hacer hasta la primera vez que cambiemos de parecer?" No importa que no tengamos los planes en cuenta. Lo que realmente importa es lo que ocurrió mientras se diseñaba el plan:

Todos aprendieron.

Fíjese metas, no porque le ayuden a alcanzarlas,
sino porque le enseñarán.

Entonces, ¿quién es usted?

Parafraseando uno de los eslóganes clásicos de la publicidad: Su marca es la verdad sobre usted – la verdad bien contada.

Como toda empresa, todo el mundo tiene docenas de historias que revelan su verdadero carácter. Una habilidad de marketing es descubrir sus propias historias – algunas que hayan sido olvidadas o pasados por alto en la empresa– y contarlas de manera adecuada.

Ésta es también su tarea. *¿Cuál es su historia? ¿Su verdadera historia?*

¿Cuál es la mejor forma de contarla?

Podría necesitar ayuda. Una persona de afuera o alguien que lo conozca bien puede brindarle una perspectiva diferente.

Empiece ahí. De ser necesario consiga ayuda, pero hágalo:

Encuentre su historia, cuéntela bien.

¿Qué hace usted?

Muchos inversionistas de capital, que realizan algunas de las compras más significativas del mercado, hacen dos preguntas a las compañías que acuden a ellos en busca de dinero y ayuda.

La primera pregunta es simple, pero las respuestas con frecuencia no lo son tanto:

¿Qué hace usted o lo que usted está vendiendo?

La respuesta debe ser sencilla también. De lo contrario confundirá a la persona. Si suena como que usted hace muchas cosas, o muchas cosas que no están relacionadas, dará la impresión de que no puede hacer ninguna de ellas correctamente.

Haga la pregunta. Escriba la respuesta. Pida la opinión de cuatro personas que usted valora. Pregúnteles:

¿Es claro?

¿Es sencillo?

¿Inspira la suficiente confianza de que usted se concentra y sabe lo que vende?

Pregúntese y respóndase: ¿Qué hace usted?

El hombre orquesta

La industria de las conferencias cuenta con cientos de personajes, pero con frecuencia usted se encuentra una docena de hombres orquesta.

Pregúntele al hombre orquesta su especialidad. ¿Trabajo en equipo? ¿Cambio? ¿Creatividad e innovación? ¿Liderazgo? ¿Ventas?

¡Sí!, responde él. Las cinco anteriores. Además motivación, marketing y otros cuatro temas.

En ese momento usted se pregunta si está hablando con un Erasmo moderno, el último hombre que tenía la reputación de saber de todo. Usted duda también porque el hombre orquesta parece tener unos cuarenta años. En dieciocho años de estar en el negocio, este personaje se ha vuelto experto, aparentemente, en todo excepto en finanzas y tecnología de la información.

¿Para qué contrataría usted a este hombre orquesta, si sabe tanto de todo y no hay nada que no pueda hacer?

Para nada.

Usted nunca recordará cuál es la especialidad de este hombre orquesta y jamás pensará en él si necesitara alguien especializado en liderazgo porque ha saturado su memoria con una lista de aptitudes tan larga que usted nunca se podrá acordar de ellas.

Peor aún, y obviamente, este personaje se ha marcado

a sí mismo no como un experto en diferentes campos sino como un experto en nada.

La gente sabe que los hombres orquesta no son especialistas en nada y la gente busca a los maestros. La gente confía en los especialistas. Al tratar de venderse a miles no se venderá a ninguno.

Encuentre un nicho. Incluso si el rango es amplio, descubra qué es lo que su interlocutor necesita y centre su mensaje solamente en la necesidad identificada.

Pregúntese: ¿Cuál es su especialidad?
(Y tenga una.)

¿Por qué vale la pena que lo tengan en cuenta a usted?

La segunda pregunta que usted debe hacerse, después de "¿Qué hace usted?" parece lógica y es retadora. Es un reto que usted debe ser capaz de asumir. "¿Por qué es importante?"

¿Por qué vale la pena que lo tengan en cuenta a usted o se considere el producto que usted vende?

La gente de marketing se refiere con frecuencia a la necesidad de definir el "elemento diferenciador". Este lenguaje es significativo. Usted debe preguntarse no sólo qué lo hace diferente, sino cómo, lo que usted hace, puede aportarle un valor a los demás.

Hágase esta pregunta. Escriba la respuesta. Pida la opinión de cuatro personas a las cuales usted valore.

Exíjales que no sean condescendientes con su respuesta.

Hágase la pregunta y responda:
¿Por qué vale la pena que lo tengan en cuenta
a usted o se considere el producto que usted vende?

La tercera pregunta

Parte de la genialidad de Southwest Airlines es que su líder, Herb Kelleher, constantemente les formula a sus empleados una tercera pregunta:

¿Somos una compañía que nuestros competidores envidian?

Si no, ¿por qué no?

Aplique esta pregunta a lo que usted esté vendiendo y luego a usted mismo.

Pregúntese: "Si no, ¿por qué no?" "¿Y qué puedo hacer para cambiar eso?"

¿Lo envidian? ¿Cómo puede hacerse envidiar?

La pregunta número cuatro y el poder de los estereotipos

Presentamos una revolucionaria campaña de publicidad para los fabricantes de monitores grandes de computadores Apple. Incluso ofrecimos un valor agregado inesperado: un nuevo e ingenioso nombre para la compañía y sus monitores: "tatuajes para el cerebro", como llaman algunos a las marcas más poderosas.

El cliente estaba deslumbrado y lo expresó. Le encantaron la estrategia, la creatividad, los comerciales, el texto y hasta nuestros zapatos y corbatas.

Volvimos a casa y pedimos dos botellas de champaña.

Esperamos las buenas nuevas, pero éstas nunca llegaron. Le dieron el negocio a BBD&O.

Finalmente llamamos, perplejos. "Pero si les gustó nuestro trabajo, dijeron que era el mejor".

"Sí, lo era. Era el más estratégico y el más creativo de los que vimos".

"¿Entonces por qué no nos escogieron?"

"Bueno, es que Harry es abogado. *Y los abogados no pueden ser creativos*".

Las personas no piensan; se fijan en estereotipos. No concluyen, clasifican. No calculan, suponen.

Como prueba, lea esta lista y asocie libremente; anote su primera asociación a cada palabra:

Conductor de Volvo
Barbita
Texano
Estiramiento facial
Sacerdote católico

¿Qué acaba de pasar?

No se preocupe. **Todos** lo hacemos. ¿Pero se da cuenta de que lo hacemos automática e inconscientemente?

Todos usamos estereotipos. El estimado psicólogo William James lo expresa a la perfección: "Lo primero que el intelecto hace con un objeto es clasificarlo junto a otras cosas".

Es fácil entender por qué hacemos esto. Nuestros cerebros evolucionaron, por conveniencia y supervivencia, para organizar la información de acuerdo con patrones. Aprendimos a asociar el color negro con la muerte y la formalidad, por ejemplo. Hacemos estereotipos instantáneamente.

No es pensar, es un sustituto más fácil. No se puede estudiar a alguien en un esfuerzo por entenderlo, sin que sea difícil. La mayoría de nosotros nunca nos enfrentamos a ese esfuerzo, en parte porque no tenemos la certeza de obtener las conclusiones adecuadas, aun después de haber realizado un estudio cuidadoso.

Nuestros estereotipos no son precisos, pero ayudan. Nuestro tiempo, después de todo, es corto.

Ésa es la razón por la cual los norteamericanos le preguntan a una persona que acaban de conocer: "¿Entonces, usted a qué se dedica?" La respuesta nos permite clasificar a la persona. ¿Contador? Tieso. ¿Abogado? Arrogante. ¿Ingeniero? Analítico. ¿Autor? Inconforme. Nuestra mente hace un pequeño cuadro que oscurece la visión del individuo que está detrás.

Ante imágenes grabadas de un "profesor de estadística" y de un "profesor humanista de psicología", un grupo de estudiantes de Nalini Ambady en Harvard encontró que el primer profesor era "frío, distante y tenso", mientras que el segundo grupo de estudiantes encontró que el "psicólogo" era "cálido y muy comprometido con sus estudiantes". Eran la misma persona.

En compañías de consultoría, un buen experto en marketing nunca pregunta: "¿Cuál es su posicionamiento en el mercado?" Es una pregunta vital. Pero no la única para ser enunciada de inmediato.

La segunda pregunta es: "¿Cómo se perciben las compañías en su industria y las personas que allí trabajan?"

¿Cuál es el estereotipo?

Pregúntese eso también usted mismo.

Antes de realizar cualquier venta, pregunte:
¿Cómo me va a clasificar esta persona?

Qué buscar

¿Cuáles situaciones en su trabajo lo hacen sentir incómodo?
Escríbalas.

¿Qué siente?

¿Cómo comenzó y hace cuánto tiempo?

¿Con quién puede hablar de esto y sobreponerse?

Las situaciones que lo hacen sentir incómodo en su trabajo son aquéllas en las cuales usted es el más débil y el más vulnerable. En esos momentos usted comete los más grandes errores, los que lo inhiben para actuar y sentirse mejor.

Enfrente estos sentimientos y su vida se acelerará.

Éste no es un consejo fácil de oír y uno de los más difíciles de seguir. Pero es precisamente por estas dos razones que oír y seguir estos consejos lo conducirá a un lugar especial. La mayoría de las personas, al oír esto, toman otro camino, repiten sus errores, sufren en silencio y retroceden.

No lo haga. Cada semana haga este ejercicio. Quedará adolorido como cuando hace ejercicio pesado. Sin embargo, repítalo cada semana, lo fortalecerá.

Cuando alcance un punto del cual no puede pasar, busque a alguien que lo impulse el resto del camino, el equivalente a un compañero de ejercicio en el cual confían la mayoría de atletas con el fin de maximizar su rendimiento.

Para prosperar verdaderamente,
identifique qué lo hace sentir incómodo.

Mejore las debilidades

Alguna tarde, vaya a un campo de entrenamiento de golf y verá trabajar la naturaleza humana.

Verá a una docena de personas que le pegan a la bola mucho mejor, en promedio, que cuando están en el campo de golf. Cada uno le dirá que si lanzara así de bien en el campo, disminuiría su *handicap* en siete hoyos.

Creen que tienen la explicación. Se sienten más relajados al golpear la bola cuando no hay nada en riesgo. Pero póngalos frente a un *green* y con una tarjeta de puntaje en el bolsillo, y los nudillos se les volverán blancos y la pelota volará en todas las direcciones menos al frente.

La tensión y la ansiedad explican una tanda de golpes malos. La explicación para los otros siete u ocho golpes, sin embargo, es sencilla: está en las manos del golfista, por supuesto.

Están practicando con sus palos preferidos.

Si un golfista golpea mejor que con el palo que tiene, es precisamente a causa del palo. (Excepto si es el de golpes largos porque cada golfista quiere hacer golpes más largos.)

Así como sucede en el golf pasa en la vida. Fortalecemos nuestras cualidades y descuidamos nuestras debilidades.

Es un desperdicio. Sólo se pueden fortalecer las aptitudes hasta cierto punto, si es que se puede. Aun si se fortalecen existe una alta probabilidad de que nadie lo note. Las mejorías sutiles son difíciles de percibir. Lo que notan las personas son las debilidades; si usted las fortalece, su mejoría puede ser impresionante y visible para todo el mundo.

Busque sus debilidades y mejórelas.

Agradezca sus fortalezas,
pero mejore sus debilidades.

Saltar a conclusiones

Para los creativos de la firma la solución parecía obvia.

El cliente operaba en un negocio dominado por mujeres (61 por ciento) cuyos clientes potenciales también eran mujeres (63 por ciento, de nuevo): medicina veterinaria.

Sabiendo que las mujeres dominaban los dos lados de la mesa, el de las doctoras y el de las dueñas de las mascotas, la agencia decidió que cualquier nombre que recomendaran debería ser muy atractivo para el género femenino.

Los creativos hicieron varias tormentas de ideas y al fin llegaron a una lista final de doce nombres. Después, los investigadores hicieron pruebas, formal e informalmente, para ver la reacción.

Mientras más femenino era el nombre, más negativa era la respuesta, *¡de las mujeres!* Los hombres reaccionaban un poco mejor, pero no de manera positiva.

A las mujeres no les gustaron los nombres que tenían que ver con rosa, morado, ni nada con flores. Pero claro, pensaron en la agencia, las mujeres odian el rosa, el morado y las flores. Un momento, esto no es cierto.

Así como usted podría haber supuesto que ese servicio se relacionaba con moda, perfume o cosméticos, ellos supusieron algo también. Supusieron mal.

Saltamos a conclusiones tan rápido como juzgamos. Nos sentimos seguros de nuestras suposiciones, pero con frecuencia nos damos cuenta de que estamos equivocados.

Afortunadamente, la firma había creado seguros contra estas suposiciones. Se apoyaba en otros paneles y grupos para obtener perspectivas completas sobre cómo piensan las personas y cómo reaccionan ante palabras específicas.

Puede ser que usted no esté tan protegido contra estos errores, pero es por su propia decisión. Puede pedir ayuda a los demás y debe hacerlo. Busque segundas, terceras y hasta cuartas opiniones.

No suponga, *pregunte*. ¿Esta oración está bien? Pregúnteles a seis personas.

¿Esto tiene sentido? Pregúnteles a seis más.

¿Debo usar este atuendo para la cita con el contratista? Pregunte.

Se fortalecerá con esas opiniones. Mientras más respuestas obtenga sobre sus retos, mayores serán las posibilidades de superarlos.

Las personas pueden cuestionar sus suposiciones y, al hacerlo, lo conducen a tomar mejores decisiones.

No suponga. Pregunte.

¿Mentor o mentores?

Según la sabiduría popular es necesario tener un mentor.

Esta conclusión, sin embargo, está basada en un típico error. Las fuentes de esta sabiduría confundieron una coincidencia con una causa.

Sin duda, muchas personas con éxito han tenido mentores. (Muchas no los han tenido, esto es algo que las discusiones siempre dejan de lado.) Pero saber que las personas con éxito han tenido mentores no quiere decir que la persona tuvo éxito gracias a ellos. A lo mejor, han tenido éxito a pesar de ellos.

La razón por la cual muchas personas exitosas han tenido mentores es porque las personas destinadas al éxito atraen a todo tipo de personajes, incluidos los mentores. Atraen a mentores, fanáticos, seguidores, hasta cachorros y gatos.

Entonces, la forma de atraer a un mentor es desplegar los rasgos que de todas formas lo llevarán al éxito. ¿Lo llevará un mentor al éxito? Probablemente no. ¿Podrá alguno ayudarle de cierta manera? Es posible.

No busque a un mentor. En cambio, ponga el caballo frente al coche y concéntrese en las cosas que pueden atraer a las personas, hasta mentores.

Si usted encuentra a un mentor, asegúrese de tener otros. Los mentores son personas, las personas son falibles e incluso los más talentosos médicos pueden equivocarse en un diagnóstico. Afortunadamente, en la mayoría de esos casos, el paciente buscó segundas y terceras opiniones.

Usted debe hacer eso también.

Tener un mentor está sobrevalorado;
tener muchos no.

La clave del éxito

Muchos expertos en arquitectura, así como sus fanáticos, piensan que Frank Lloyd Wright es el mejor arquitecto moderno. Sin embargo, le costó.

La figura mítica de Ícaro también era brillante. Diseñó las alas, se las pegó con cera y voló hasta el cielo. Igual que a Wright, a Ícaro le faltó humildad. Al pensar que podía volar entre los dioses, voló muy cerca del Sol y pereció cuando el calor le derritió las alas.

También era brillante el general George Patton, como él gustaba de recordar a cualquiera que dijera que la Segunda Guerra Mundial podría haber tenido otro desenlace.

En todas partes se encuentra este tipo de gente y entonces surge la pregunta: ¿Son las fortalezas la clave del éxito?

Sólo en parte. Sus fortalezas lo llevarán únicamente hasta donde sus debilidades lo permitan.

En todo lugar usted verá gente que podría tener mucho éxito, pero entonces usted agrega las palabras mágicas:

Si tan sólo.

Si tan sólo escuchara mejor... Si tan sólo controlara su temperamento... Si tan sólo no jugara a la política... Si tan sólo se arreglara los dientes o evitara la mala costumbre de...

Si tan sólo.

Un jefe arriesgado y con éxito, por modestia lo llamaremos Andrés, ayudó a forjar una firma igualmente exitosa porque era un maestro en la confrontación del *Si tan sólo*. Anualmente, y con mayor frecuencia en algunos años, contrataba otra futura estrella entre una docena de deslumbrantes solicitantes. Como sólo eran seres humanos, cada candidato sufría de un *Si tan sólo*. Afortunadamente, estos jóvenes hombres y mujeres llenos de talento tenían algo más.

Tenían a Andrés

Andrés combinaba su valor personal con una convicción de que su papel era asegurarse de que las futuras estrellas se convirtieran en estrellas, con su compañía o sin ella. Antes de que el *Si tan sólo* se convirtiera en un límite para su carrera, Andrew llamaba a la estrella a su oficina:

"Usted está destinado para grandes cosas, pero ahora debe mejorar en esto", les decía. Esta reunión se comenzó a conocer como la visita anual.

Andrew es especial. Él se encuentra entre esos hombres únicos que pueden responder la pregunta inevitable de la esposa: ¿Este vestido me hace ver gorda?, con una respuesta honesta, bien recibida y útil.

Todo el mundo necesita un Andrés.

Encuentre a su Andrés.

Busque el amor difícil

Reconforta oír que usted va bien.

Sin embargo, no lo ayuda.

"¿No te encantan los efectos que se pueden generar con Power Point?", le pregunta usted a un colega.

¿Podría contestar que no?

Nunca. Es la naturaleza humana.

Es tentador buscar elogios, pero es mejor buscar la crítica. Sólo la obtendrá si la sabe pedir. Afortunadamente, la experiencia de los expertos de marketing le puede ayudar.

Los expertos en marketing han descubierto el mismo problema. A pesar de lo que piensa y a pesar de lo frustrado que se pueda sentir a veces por el servicio que recibe, usted casi nunca se queja ante la compañía. Como resultado, casi todos en las compañías suponen que están prestando un buen servicio, tal y como usted lo hace, porque oyen muy pocas quejas.

Las quejas no llegan voluntariamente.

Usted no recibirá esas "críticas constructivas" si pregunta, como frecuentemente hacen las encuestas de negocios, "¿Qué estamos haciendo mal"?

Esta pregunta da pie a una crítica dura. La mayoría de las personas odian que las critiquen, y sufren con eso, y por eso no contestan.

Los seres humanos, sin embargo, se sienten a gusto cuando dan consejos; muchos los ofrecen sin que se les pidan y muchos se sienten halagados cuando se les solicitan. ¿Pero cómo hacer para que le den consejos?

No pregunte, "¿Qué estoy haciendo mal?"

Pregunte: "¿Qué cosas, dos o tres, podría hacer para ser aun más eficiente?"

Como una variación, déle vuelta a la pregunta: "Creo que esto puede funcionar, pero me interesa su opinión. ¿Se le ocurre algo que pudiera funcionar aun mejor?"

Para conseguir la ayuda adecuada,
haga la pregunta adecuada.

Cultivar la imagen

En un conocido comercial, el tenista Andre Aggasi dijo una vez: "La imagen lo es todo".

El mismo año, un cliente en potencia nos pidió que lo ayudáramos a cultivar su imagen. Le sugerimos una pregunta para posicionarlo: "¿Qué lo hace único en su negocio?"

Él contestó: "Clase. Tengo clase".

El comentario sonó muy mal. ¿Diría eso una persona con clase?

Quería que lo ayudáramos a cultivar su imagen.

No se puede.

La persona muestra el cobre con el tiempo, si no inmediatamente. Una vez lo hace, las personas dejarán de reconocerlo por su imagen o por su esencia. Lo reconocerán como alguien que trata de engañarlos.

Esto se ha ensayado muchas veces.

Interesantemente, Agassi se dio cuenta de la locura de sus palabras. Con el pasar de los años se rasuró el pelo, abandonó su ropa que brillaba de día y se estableció como el esposo de una mujer que, con su cara lavada y su manera de ser, parecía ser alguien sin interés en la imagen: Steffi Graf. Se dedicó a las buenas obras, la caridad y la humildad; de repente tan abierto al mundo como su cabeza calva.

¿Sufrió una transformación similar nuestro cliente en potencia? Tal parece. Hace dos años nos encontramos en un gimnasio. Parecía que el barniz lacado había desaparecido. Se sentía que hablaba él y que no eran palabras elegidas para crear ningún efecto. Parecía que había encontrado la humildad. Pero ya tenía cuarenta y cinco años: había esperado demasiado y todos sus fracasos profesionales fueron el precio que tuvo que pagar.

Proyéctese.

Las personas deciden, después piensan

Rara vez las personas toman decisiones como resultado de una larga deliberación. Se pueden tomar semanas para anunciar la decisión, pero con frecuencia la toman en minutos, incluso segundos. Las personas no consiguen información para tomar una decisión, la buscan para justificarla. No acumulan comprensión; están buscando comodidad y bienestar.

La mayoría de las decisiones se toman y luego se justifican, en vez de ser al contrario.

Una implicación obvia: "Las primeras impresiones son las que perduran" es una subestimación. La primera impresión, con frecuencia abrumadora, es también la decisión final.

Lo primero que debemos planear
es la primera impresión.

Las personas lo compran con los ojos

Una y otra vez, en ventas y marketing notamos una influencia poderosa: *lo visual opaca lo verbal*. Al expresar esto a los clientes, usamos las frases: "Las gente piensa con los ojos" y "La gente oye lo que ve".

Un buen ejemplo: una presentación de un comercial a un grupo de propietarios de pequeños negocios. El comercial repitió tres veces el punto diferenciador del banco: tenía la información que las personas necesitan para tomar mejores decisiones financieras. Para ilustrar cómo las personas usan la información para tomar mejores decisiones, el comercial mostraba un alpinista en el Everest, preparándose, estudiando mapas y reportes del clima antes de ascender. Pero quienes estaban viendo el comercial no oyeron la palabra "información" en ningún momento, a pesar de que en el texto se repitió esa palabra tres veces en treinta segundos.

Cuando se les preguntó a los espectadores sobre qué era el comercial respondieron: "Era sobre fortaleza. El banco está comunicando su fortaleza".

Los creadores del comercial estaban asombrados. No sólo no querían comunicar "fortaleza".

No estaban conscientes de que tal vez sí hubieran querido.

¿De dónde sacaron los espectadores esa idea? De una imagen que apareció en pantalla por menos de cuatro segundos: la imagen de un hombre que escalaba una montaña.

Una imagen, tres segundos: lo visual opacó lo verbal. Pensamos con los ojos.

Observe con mucho cuidado
cuál es su imagen.

Su empaque

Para mucha gente sus ideas no sonaban bien.

El hombre era John Molloy, y expresó sus ideas en un libro cuyo título se convirtió en parte del vocabulario norteamericano: *Vístase para el éxito.*

Muchos se rebelaron contra la sola idea. Vestirse para el éxito sonaba a manipulación, estas ideas eran primas de las de Michael Korda, quien aconsejaba a los ejecutivos que sus sillas de oficina fueran más altas que las de los demás para que ellos se vieran superiores.

Pero Malloy no estaba hablando de manipulación más de lo que los pájaros pueden advertirles a otros pájaros, cuya apariencia a menudo los convierte en blanco de otros pájaros. Un plumaje raro tiene ese efecto, tanto en los pájaros como en las personas.

Molloy no aconsejaba la astucia y manipulación. Estaba reflejando su convicción de que el éxito en la vida, como los modales sencillos, comienza con una preocupación por los demás y una sensibilidad sobre el impacto que podamos tener sobre ellos. Molloy no aconsejaba usar relojes de oro macizo con el fin de que los demás supusieran que usted era rico. Aconsejaba lo contrario: sea modesto, no alardee.

Muchas personas que saben esto todavía se rebelan ante la idea de vestirse adecuadamente. "Quiero ser yo" o "Hago lo que quiero", y con frecuencia "No quiero tener nada que ver con personas que se dejan influenciar por cosas como la ropa y la apariencia".

Revise estas palabras. ¿Qué es lo que realmente quieren decir? Usted está primero. ¿Quiere trabajar con una persona así? ¿Quiere a esa persona como un empleado, un proveedor de servicios o un amigo?

Norteamérica, por ese tiempo, estaba entrando en la era del narcisismo, como un sabio la denominó. El eslogan: "Buscando al número uno" había llegado a las calcomanías en los automóviles y en camisetas. En este contexto, era muy fácil pensar en Molloy como otro abogado del egocentrismo e individualismo. Pero Molloy no sugería mirar hacia adentro. Sugería mirar hacia fuera.

¿Cuál es su impacto sobre los demás? ¿Está usted saboteándose a sí mismo sin saberlo? ¿Está perdiendo la batalla antes de comenzarla?

Molloy estaba hablando esencialmente con el espíritu que da forma a los buenos modales. Estaba diciendo: "Sea considerado".

Ser considerado comienza al abrir el clóset.

Imágenes y estereotipos

Los fanáticos del cine están de acuerdo con que el final de *The Usual Suspects* (Los sospechosos de siempre) se encuentra entre los mejores de la historia del séptimo arte.

Como muchos finales fabulosos, éste lo deja a uno asombrado.

El final depende de un ejemplo clásico de desinformación. El arquitecto de este truco, un truco tanto para el policía que interroga como para el espectador, es interpretado por Kevin Spacey, en el papel de un lisiado de pocas luces. Lo acusan de un robo, una explosión y un crimen múltiple con cuatro tramposos que son fuertes, inteligentes y seguros, y no tienen nada en común con Spacey, el "raro" en este quinteto.

Hacia el final de la película Spacey, aparentemente debido a su limitada inteligencia y a un brillante equipo de interrogación, revela tontamente los detalles del crimen.

Spacey revela que un Keyser Söze ha ideado el crimen. Entra en pequeños detalles, hasta en la descripción de haber oído un cuarteto de barbería en Skokie, Illinois. Después de oír estos detalles, un interrogador ofrece a Spacey protegerlo de Söze, quien está buscando a Spacey, si repite su historia en la corte. Spacey se niega, insiste en que él no es una rata, y después sale cojeando del cuarto hacia la calle.

El interrogador, interpretado por Chazz Palminteri, contempla la historia que ha desenmarañado.

Y entonces *la historia* se desenmaraña.

Palminteri mira el tablero que está detrás de él, el cual Spacey ha tenido en frente a lo largo de la discusión. Advierte la palabra "Cuarteto", el nombre del fabricante del tablero en la parte inferior del mismo. Palminteri mira hacia abajo y ve dos palabras justo abajo.

"Skokie, Illinois".

En un segundo, Palminteri ve otra docena de palabras en el tablero y se da cuenta de que Spacey ha inventado toda la historia a partir de esas palabras. Spacey lo ha engañado.

La cámara se dirige hacia fuera y hace un acercamiento de la cojera de Spacey, la cual se convierte rápidamente en un andar seguro. Spacey se sube a un automóvil y huye.

Tanto el espectador como el interrogador se convencen de que Spacey es un simple inocentón en este engaño masivo no sólo por su actitud sino por una imagen poderosa: la pronunciada cojera de Spacey. Decidimos que Spacey es débil tanto a nivel intelectual como emocional debido a su problema físico. Caemos en el estereotipo tan fácilmente que no nos damos cuenta de cómo sucede, ni cuestionamos nuestros estereotipos sobre personas discapacitadas: la creencia de que una incapacidad es evidencia de otras.

Lo contrario también es cierto, por supuesto, razón por la cual elegimos claves visuales, trajes y maletines serios, que nos hacen ver competentes. Como la película *The Usual*

Suspects nos recuerda, las claves visuales funcionan. Pueden incluso convencer a un detective con experiencia que un hombre astuto es solamente un pobre diablo sin inteligencia.

Observe sus claves visuales
para apuntar hacia los estereotipos adecuados.

Vestirse en contra de su estereotipo

El primer obstáculo que usted debe vencer no es la competencia; es el estereotipo que los demás tienen de usted.

Antes de presentarse, cualquiera que sea su propósito, pregúntese el día anterior: "¿Qué saben de mí?"

"¿Qué impresiones se han formado ya sobre lo poco que saben?"

Luego pregúntese: "¿Mi apariencia refuerza el estereotipo?"

De ser así, preséntese de tal forma que el estereotipo se diluya. Como una artista vestida con un traje sastre muy elegante, un presidente con un suéter deportivo (ya alguno ensayó eso), un ingeniero con un tatuaje; éstas no son necesariamente las mejores respuestas a una situación particular, pero sí son ejemplos de cómo se ataca un estereotipo.

Un director creativo de publicidad con mucho éxito lo logró no sólo por crear buenas ideas para sus clientes, sino porque brillaba al venderlas. Después de varios meses, nos dimos cuenta de un truco que, como él mismo confesó, funcionaba bien.

"Si nuestra campaña parece conservadora, me visto de una forma más creativa, para dar la impresión de que podemos estar a la vanguardia pero que deliberadamente elegimos no hacerlo". Siguió la estrategia contraria cuando su grupo de trabajo desarrolló un enfoque arriesgado: se vistió con su traje más oscuro, zapatos negros de amarrar y una corbata como la que usted escogería para ir a solicitar un préstamo en un banco.

Un beneficio que la mayoría de profesionales cosecharon de los "viernes informales", y lo que quedaba de ellos a lo largo de la semana, es que muchos clientes comenzaron a percibirlos como personas más relajadas y accesibles.

Sin embargo, otra firma, una agencia de publicidad, se benefició con una aproximación totalmente distinta. Se vestían de manera formal los viernes. "Aquí no somos informales para nada", decían. "Sólo nos vestimos así todos los días por la misma razón que lo hacen los trabajadores de la construcción. Trabajamos arduamente".

Para vencer un estereotipo,
vístase en forma contraria.

Invierta en usted

Si le pregunta a alguien que asesora pequeños negocios: "¿Cuál es el error más grande que cometen?", recibirá una importante respuesta.

En la lista de los tres errores más grandes, y con frecuencia en el primer lugar, se encuentra uno que desanima:

"No invierten lo suficiente".

Como resultado, su ejecución quedó a medias. Parecían ensayando, como si temieran que sus ideas estuvieran viciadas y no tuvieran la fe para invertir.

Como a los negocios de muchos, esta lección se aplica de forma poderosa al negocio de uno. Piense en este ejemplo.

CCB: En 1997, Schering Oncology/Biotech compró cerca de 50.000 ejemplares del vídeo de ejercicios de nuestro Club de cáncer, diseñado para mujeres en proceso de recuperación de cáncer de seno.

Con este éxito, nos dimos cuenta de que Bristol-Myers Squibb se configuraba como otro gran cliente en potencia. Contaban con Lance Armstrong como su representante, y yo ya había hablado en varios eventos de Bristol.

Me puse en contacto con el representante local de ventas de Bristol, quien me conectó con el gerente de distrito.

Tres semanas después, grandes noticias: el gerente de distrito estaba intrigado por nuestra oferta y había enviado la información al Corporativo.

Rebeca, en el Corporativo, también estaba intrigada. Tanto que me llamó para decirme: "Venga a Nueva Jersey. Quiero que conozca todo nuestro departamento de marketing. Creo que debemos hacer negocios".

Eso sonó como: "Ustedes se han ganado el poder".

Diez días después, llegué al aeropuerto de Newark. Siendo frugal y consciente de que el viaje corría por mi cuenta decidí alquilar un automóvil.

Entonces comenzaron los problemas.

Mis maletas estaban tan llenas y pesadas con los productos del Club de cáncer que me tomó lo que pareció una eternidad sacarlas de la entrega de equipaje y subirlas al automóvil. Debido al gran tamaño de mis maletas no las podía subir por las escaleras hacia la empresa que arrendaba automóviles. Tenía que tomar el ascensor.

Infortunadamente, sólo un ascensor llegaba hasta la empresa de alquiler de automóviles y ese día no estaba funcionando. Terminé arrastrando las maletas por las escaleras y...

Espere. Usted ya se ha hecho la composición de lugar, pero, además, yo estaba tan nerviosa cuando finalmente logré poner todo en mi automóvil, que dejé el aeropuerto y me dirigí en la dirección contraria a Princeton durante quince minutos.

Llegué al complejo Bristol luciendo como si acabara de terminar una carrera de diez mil metros. Al fin en el sitio, hasta que miré los cuatro grandes edificios que estaban en frente de mí. ¿Cuál era el de Rebeca? Mi mapa no lo decía.

Fui al edificio uno. Cuando llegué allí, la recepcionista me informó que debía ir al edificio cuatro.

Llamé a Rebeca para explicarle la situación. Me contestó un buzón de mensajes.

Cuando finalmente llegué al edificio cuatro, la recepcionista me pasó un teléfono. Era Rebeca. Como no aparecí a tiempo, tanto ella como su equipo de marketing fueron a almorzar y esperaron cuanto pudieron ya que tenían otras reuniones.

Fin de una oportunidad. Nadie quiere correr el riesgo de trabajar con alguien que aparece setenta minutos tarde para una reunión. Si hubiera reservado un servicio de transporte habría llegado a Princeton diez minutos antes de la reunión. En cambio, preferí ahorrar 115 dólares y perdí una oportunidad de 125 mil dólares en el proceso.

Hay que invertir. Las inversiones que usted hace, de tiempo y de dinero, demuestran su confianza en lo que ofrece. Los precios que usted paga son su seguro para el éxito.

Una vez subestimé eso, nunca lo he vuelto a hacer.

Pague más ahora, coseche más después.

Trucos y atajos

No hay.

Pensar por fuera de su caja

"Necesitamos pensar por fuera de la caja".

No, usted no.

Esto es algo que se oye cada minuto en alguna parte del mundo, pero el mensaje no funciona.

He aquí por qué y lo que usted debería hacer.

Su caja, su forma de pensar, trabajar y vivir, le ha funcionado. Es la caja en la cual ha nacido, producto del ADN con el cual fue codificado. Es tan difícil cambiar la caja como puede ser cambiar la forma de su cabeza.

Usted es metódico o voluble, usted es lateral o lineal, usted tiende a ser introvertido o extrovertido. Pero desde su nacimiento, usted es quien es. Es una buena caja. Lo más importante, es su caja, y ha operado siempre dentro de ella.

No trate de pensar por fuera de su caja, es demasiado difícil. En cambio, hágala crecer.

Para un maravilloso ejemplo de inspiración, piense en la historia del cantante Paul Simon.

Simon escribió algunas de las canciones clásicas del siglo pasado, incluyendo un álbum que se convirtió en la música de fondo de toda una generación: *Book-ends*. Millones de personas lo compraron y millones más oyeron sus canciones, en la banda sonora de la película *The Graduate* (El graduado).

Simon floreció dentro de su caja. Su caja estaba llena de la cultura rebelde norteamericana de la década de 1960 que se debatía entre perseguir mujeres en las playas de California, por una parte, y protestar por la guerra de Vietnam, por la otra.

Simon floreció dentro de su caja y, a la vez, no lo hizo. Se quedó allí y la caja que lo ayudó a producir clásicos comenzó a producir canciones como "Kodachrome". ("Deberían arrestarlo por esa canción", dijo un seguidor de Simon en recuperación). La caja de Simon se cerró.

Simon lo resolvió, pero no cambiando su forma de pensar. Cambió su caja al introducirle cosas nuevas. Para encontrarlas se aventuró muy lejos, voló a África. Allí, su caja cambió por lo que vio y sintió. Como escribió en una canción, vio "ángeles en la arquitectura, dando vueltas en el infinito".

África y sus imágenes y sus sonidos asombraron, sacudieron y sobrecogieron a Simon. Con la cabeza dando vueltas por estas nuevas influencias e inspirado por el grupo africano Ladysmith Black Mambazo, escribió: "You Can Call Me Al" y una de las creaciones musicales que verdaderamente es fuera de serie, *Graceland.*

Simon no pensó por fuera de su caja, pocas personas pueden. Le introdujo nuevas cosas, estudió diferentes culturas y oyó música africana, diferente de la suya.

Por esta experiencia se transformó y floreció. Para ser más creativo, siempre una buena idea, no trate de pensar por fuera de su caja. En cambio, hágala crecer. Introduzca en ella nuevas cosas.

Lea revistas diferentes de las que habitualmente lee, escuche música de otras culturas, asista a espectáculos variados.

Hágale ajustes a su caja. Compre un abrigo naranja y un par de zapatos rojos. Vea qué cambió.

Haga que su caja crezca.

Recompensas invisibles de la educación

Cualquiera que mire a los estudiantes de secundaria reconoce un punto de vista ampliamente sostenido: nos educamos para prepararnos para nuestra carrera.

Con algunas excepciones, este punto de vista se funde con la creencia de que las clases deben ser "pertinentes" y que si nos estamos preparando para una carrera en administración de negocios, debemos especializarnos en ella. Obviando esto, debemos tomar cursos "prácticos".

Sin embargo, vemos la educación de una forma muy estrecha y nos perdemos de una de sus recompensas.

Para ilustrar esta miopía, piense en el estudiante de último año de secundaria que decide especializarse en administración de negocios. "¿Por qué aprender historia americana, ingeniería civil o agronomía?", se puede preguntar no sin razón.

Decide no aprender nada sobre estos temas. Luego se aventura en el mundo real. Solamente en un lapso de doce meses conoce a un aficionado a la historia, a un ingeniero civil y a un músico de rock.

¿Cómo se conecta con estas tres personas? Hay que encontrar cosas en común. Si tiene aunque sea un ligero conocimiento de estos campos puede entablar una conversación y quizás una relación.

Si sólo puede hablar sobre la estrecha esfera en la que trabaja, continuará confinado a esa esfera.

La educación logra algo más que prepararnos para nuestras carreras y ampliar nuestra mentalidad. Agranda el mundo, el número de personas con las cuales podemos conectarnos. Gracias a que la educación cubre tantos campos nos ayuda a encontrar más campos en común con los demás, cuando los conocemos.

Mientras más aprenda, más relaciones podrá tener con otras personas. Toda la educación es relevante, toda la educación es práctica, toda la educación nos hace crecer.

Siga leyendo, siga escuchando, siga aprendiendo.

Llevar este libro a Santiago

Seis mil setecientas millas al sur de Los Ángeles, en un lugar más cercano al Polo Sur que a Norte América, se llega a la hermosa capital de Chile, Santiago.

Un visitante curioso, intrigado por la diferencia entre esta ciudad y las que ya conoce, puede ir de compras al centro comercial más grande y aprender una lección memorable.

Él *está* en casa. Ahí está: Revlon, Tommy Hilfiger, L'Oreal, Orange Julius. ¿En dónde están los productos chilenos? ¿En dónde está el famoso almacén Abercrombie & Fitch de América del Sur? No está por ninguna parte.

Los viajeros, hoy en día, experimentan algo extraño. Pueden visitar una docena de países y nunca dejan el mismo centro comercial.

Aventúrese en la ciudad prohibida de Beijing, santificada por los chinos durante siglos, y finalmente al dar vuelta a una esquina, se quedará sin respiración. Allí, en lo profundo de este lugar sagrado, hay un monumento:

Starbucks.

Con seguridad hallará diferencias entre las culturas. El Islam todavía es muy influyente incluso entre los musulmanes hombres y mujeres más occidentalizados de India. Cene con algunos que conducen automóviles alemanes y se visten con trajes italianos y notará la influencia: nadie ordena carne ni alcohol. Pero mire el ejemplar del periódico

The Hindustan y se sentirá en casa. La noticia dominante figura no sólo en la página principal; también en las secciones de negocios, moda, entretenimiento y deportes. Las noticias hablan sobre el "gran juego". (Es el cricket, India versus Pakistán.)

¿Deportes en la sección de moda y entretenimiento? ¡Por supuesto! ¿Qué se pone la gente para ir a los partidos? Más importante, ¿quiénes van a ganar según los directores más importantes de India, y los más importantes actores y actrices? ¿A quién consideran el jugador más sexy de cada equipo? Para demostrar qué tan "norteamericana" puede ser la India, las personas han acuñado una taquigrafía para su mundo de películas y el área de Bombay, en donde se producen la mayoría de películas:

Lo llaman Bollywood.

Las personas parecen muy similares en donde quiera que estén. En *Human Universals,* Donald Brown hace un listado de los comportamientos humanos que ha descubierto en todas las culturas. Su lista toma cuarenta y cuatro páginas e incluye otras 250 de comportamientos compartidos incluidos cantar, bailar, contar chistes, modestia sexual, búsqueda de venganza, una preferencia por rostros con rasgos "promedio" e incluso el miedo a las serpientes.

¿Se puede aplicar este libro a cualquier lugar donde usted vaya? Se puede.

Sí, esté pendiente de las diferencias locales. Cuando salude por primera vez a una mujer chilena, por ejemplo, debe darle, de inmediato, un beso en cada mejilla. De lo contrario puede correr el riesgo de ofenderla. Sin embargo, trate esto en China y se encontrará besando el aire y dándose cuenta de que la mujer se ha retirado y lo mira asombrado. La expresión de su rostro le dice que no tiene ni la menor idea de lo que está haciendo y reza porque no lo vuelva a hacer.

Pero mientras los gestos y los matices cambian, los deseos y las demandas son universales. Queremos ser apreciados y respetados y debemos hacer esto recíproco en donde estemos.

Aplique estas lecciones en cualquier parte.

Hogs, Apples y la ropa interior del escritor:

COMUNICACIÓN

Cómo hacer el cambio

Durante varios miles de años, las personas hicieron sus negocios cara a cara.

Esta expresión "cara a cara" es significativa.

En otro tiempo lidiábamos con otros no sólo personalmente, sino trabajábamos en oficinas en donde veíamos a los demás cada hora y nos encontrábamos por lo menos una vez a la semana. Afuera, los clientes estaban a una distancia que se podía recorrer a pie o en automóvil, y nos montábamos en aviones para ir a lugares más lejanos. Hacíamos transacciones lejanas por teléfono, en donde nuestra presencia importaba: una voz autoritaria, por definición, implica y refuerza la autoridad.

La presencia física era muy importante entonces. El poder de ofrecer una fuerte impresión visual era tan importante, de hecho, que un estudio mostraba que cada centímetro de altura de un hombre valía más de mil dólares al año en salario.

La presencia todavía importa, pero está ocurriendo un cambio.

Hoy, el correo electrónico, los aviones y la globalización han producido un cambio. Cada vez más, las comunicaciones se escriben y se envían a cientos de kilómetros. Como resultado, la voz autoritaria por escrito ha empezado a reemplazar la importancia de la presencia física autoritaria.

Pregunte a los directores de recursos humanos y a los grandes ejecutivos de las corporaciones qué es lo que más importa en los negocios actuales. La respuesta: "la habilidad de comunicar".

Los encuentros "cara a cara" nos permitían actuar e interactuar, preguntar y responder. Al final del encuentro, las partes generalmente lograban algo cercano a la claridad. Con el correo electrónico, la claridad se vuelve más importante y el tiempo se valora más, a la vez que los empleados son cada vez menos.

La ambigüedad es costosa; nos obliga a ir hacia delante y hacia atrás muchas veces, para aclarar nuestro mensaje y dar el siguiente paso. Como resultado, el comunicador ambiguo representa un costo.

Cada vez más, el poder proviene de las palabras del comunicador, y las palabras más poderosas son las que se expresan tanto sucinta como vívidamente. Quienes pueden expresarse en palabras que no causen malentendidos, tienen más poder y son más valorados.

Y así notamos un cambio del poder de la corbata y el poder del desayuno. Por supuesto, es un signo del cambio que esos términos aparentemente hayan desaparecido. De manera creciente, vivimos en la era del poder de la nota, el poder del memorando, y el poder de la propuesta.

El futuro es de los comunicadores.

Venderles a los abrumados

Usted trata de venderse a personas que se sienten abrumadas.

Para apreciar esto, elija un dentífrico, por ejemplo. Si usted ha decidido cambiar el que regularmente usa, ¿cómo espera encontrar un reemplazo? En el supermercado típico, usted se enfrenta a un lineal con sesenta opciones, incluidos dentífricos con blanqueador, con control de placa, para refrescar el aliento, con polvo de hornear, tubos y bombas, de diferentes marcas. En países en vías de desarrollo, los investigadores han descubierto que esta cantidad de productos es una de las cinco grandes preocupaciones de la gente.

Nos *sentimos* abrumados. Nuestros reproductores de DVD tienen más funciones de las que podemos aprender. Cuando algo falla, pocos de nosotros sabemos qué hacer.

Estamos abrumados. Todas las personas con las que nos relacionamos están abrumadas. Lo que sea que les quiera comunicar debe aprender a hacerlo de manera sencilla.

Simplifique y aclare: es clave.

La primera regla *verdadera* de la comunicación

Una vez, un importante documento gubernamental costó cerca de 100 millones de dólares porque el autor uso punto y coma en vez de coma.

El documento le pareció al autor suficientemente claro, como lo están todos nuestros comunicados. Nadie envía un documento que piensa que puede estar confuso. Sin embargo, todos los días recibimos documentos que lo son.

Cuando nos comunicamos, suponemos que la primera regla es: "Comuníquese para que lo entiendan". No lo es.

La primera regla es: "Comuníquese para que no lo malentiendan".

Si analiza las relaciones extraordinarias en los negocios, pronto verá que la claridad debe estar en el primer lugar de la lista, entre las ocho o nueve influencias claves.

La claridad inspira confianza. Nos preocupamos de lo contrario: tememos que las personas a las que no entendemos puedan ocultar algo. Sospechamos que la confusión es una cortina de humo intencional para mantenernos alejados de la verdad.

La claridad inspira fe. Suponemos, así como los jurados lo hacen cuando oyen a testigos expertos, que una persona que se comunica claramente entiende el tema. De hecho, una firma líder en consultoría ha encontrado que las personas consideran la "claridad" como la señal de un verdadero experto, aun más significativa que los premios y logros del profesional.

Sea más claro y las personas pensarán
que usted es un experto.

Simplifique

Lo que más queremos es certeza; y encontramos maneras de lidiar con ella. Lo que no podemos manejar es lo contrario. Una expresión popular captura esto a la perfección:

"Estaba paralizado por la duda".

Usted se aproxima a alguien con una propuesta: quiere un trabajo, una audiencia, una referencia, algo. Usted esboza su propuesta en extensión, cubriendo cada ángulo, y logra un caso abrumador.

Éste fue el problema. Su caso *fue* abrumador. El que escuchaba estaba abrumado.

Usted fue demasiado lejos.

La detallada elaboración, punto por punto, aplastó todo. Usted dio demasiados detalles y ahora quien lo escucha se siente confundido. Su propuesta es complicada. Porque oímos y hablamos de forma imperfecta, sus detalles excesivos confundieron a quien lo escuchaba, algunas partes parecían contradictorias. Y existen *tantas* opciones.

(En marketing, nos referimos a lo anterior como una opción de parálisis. El fenómeno aparece más claramente en evaluaciones en las cuales a los compradores se les dieron tres opciones diferentes de mermelada de frambuesa. Eligieron una. Cuando se les proporcionaron cuatro opciones adicionales, se fueron sin comprar ninguna.)

Simplifique. Acorte su historia constantemente.

En esa situación, no hay riesgo de decir muy poco. Por una parte, si usted esgrime un argumento fuerte, quien lo escucha se interesará y preguntará más. Sus preguntas específicas le dirán qué es lo que quiere saber y le evitarán el esfuerzo de discutir sobre cualquier otro tema, y confundir más al interlocutor.

Simplifique. La simplicidad brinda la certeza que las personas pueden manejar.

Lo que le dice Wal-Mart

Hasta hace algunos meses, las estanterías de ropa de Wal-Mart eran apenas dos centímetros más bajas que Shaquille O'Neal. Hoy, apenas miden 1.40 cm.

El cambio revela algo que la gente quiere: espacio.

El antiguo Wal-Mart abrumaba a las personas con montones de estanterías llenas de mercancía.

Hoy en día, los compradores pueden ver cada estantería y en la mayoría de tiendas pueden sacar la mercancía de las estanterías sin problema.

Wal-Mart aprendió que menos es más.

Los conferencistas saben esto. Se concentran no sólo en las palabras, también en el silencio. Como en la buena música, las pausas también son importantes; una pausa permite respirar tanto a los oyentes como a los músicos. Permite anticipar lo que viene después y apreciar lo que se escuchó antes.

Los publicistas saben esto. Quizás los mejores avisos de nuestra era, para el Apple Pod, no están llenos de palabras, sino de espacio en blanco. (O para ser técnicamente preciso, vino tinto o azul espacio, los colores dominantes en la paleta del Pod.) Una silueta negra de un bailarín, una silueta blanca de un IPod en el pecho del bailarín y pocas palabras: "La vida es aleatoria".

Hace décadas, Rudolph Flesch descubrió que los lectores no se sentían atraídos por las palabras, sino por las pausas entre oraciones y párrafos. Las oraciones largas debían estar seguidas de cortas, y los párrafos largos debían estar seguidos de cortos.

Siga la receta de Flesch. Trate de reducir sus oraciones promedio a once palabras. Si debe escribir un documento largo, trate de intercalar párrafos y oraciones largas con cortas.

Mientras hable, practique las pausas. Si va a tratar un asunto importante, antecédalo con una pausa significativa, lo cual alertará a quien lo escucha: "Esto es importante".

Luego continúe con una pausa, de modo que su asunto haya tenido tiempo de echar raíces.

Cuide su espacio en blanco. El silencio habla.

La ropa interior del escritor

En redacción, algunos lo llaman "la ropa interior del escritor".

Por donde quiera que usted mire, ondea en la brisa.

Está ahí cuando un conferencista habla de: "Cuando estábamos asesorando a HP en Roma".

O cuando el diseñador gráfico añade a un logo algunos efectos que gritan: "Mire lo inteligente que soy".

O cuando alguien elige una palabra sonora y erudita en vez de una palabra sencilla, que lo hubiera podido comunicar mejor.

En cada caso, el comunicador ha malentendido lo que realmente significa "comunicar". La palabra "comunicar" y la palabra "comuna" tienen la misma raíz. Las dos implican un sentido de igualdad: gente que comparte con otros.

Los tres ejemplos anteriores no son intentos de compartir nada con otras personas para el beneficio común. Cada comunicador está tratando de dar sólo una impresión: soy dotado, talentoso y con éxito.

Estos así llamados comunicadores creen genuinamente que lo están logrando. Como testigos de un competidor que se desvivía por soltar nombres de clientes en potencia con la certeza de que sus habilidades de vendedor le estaban ayudando en forma brillante, vemos lo que el cliente en potencia hace.

Levanta una ceja, como si dijera: "¿Y usted cree que soy estúpido?"

No funciona.

De cualquier manera, cuando usted muestra la ropa interior del escritor, está desnudo. Sin saberlo, se ha expuesto. Lo único que ha comunicado es que está ansioso de impresionar y no quiere ocultarlo.

No trate de impresionar, desde que somos niños somos capaces de detectar eso a kilómetros de distancia.

No le hable a alguien; hable con alguien.

La marca llamada Usted

Uno de los mantras de la década es que los individuos se marcan de la misma forma como se haría con una gaseosa.

No es difícil reconocer, inmediatamente, una ligera falla en este modo de pensar. Una lata de Pepsi Cola contiene cuatro ingredientes. Un ser humano tiene, sólo para empezar, cuarenta y seis cromosomas y muchos matices; las latas de Pepsi son idénticas. Ni siquiera las huellas digitales de dos personas son idénticas.

Lo que experimentamos con automóviles y latas de gaseosa es distinto de lo que experimentamos con las personas. Esto implica que los principios de la gente de marketing son muy distintos.

Al crear la marca llamada Usted, muchas personas creen que pueden urdir un cuento. Creen en magia, o que las marcas se producen mediante la astucia o el engaño. Tal vez piensen en ejemplos como Volkswagen y decidan que la publicidad hábil hizo del escarabajo (llamado así con astucia) un carro adorable y deseable, y lo tomen como evidencia de la habilidad del marketing para engañar. Tal vez se encuentren entre las muchas personas que piensan que un automóvil es sólo un automóvil y que cualquier mística que lo rodea ha sido creada en forma artificial.

Así que, o nos revelamos ante la idea de una marca, o la acogemos como una poderosa herramienta de engaño.

Las grandes marcas, sin embargo, son auténticas. Han permanecido porque las personas han aprendido que se puede creer en ellas y confían en que esas marcas son lo que dicen ser; las grandes marcas tienen integridad. Lo que afirman es lo que está integrado —integrado e integridad son dos expresiones relacionadas— a lo que hacen y cómo se comportan.

Nadie reacciona ante nuestros *esfuerzos* por ser distintos de lo que somos. Reaccionan ante la persona buena pero mala, ante la persona excelente pero con defectos que está sentada frente a ellos.

Una marca llamada Usted sugiere que usted puede transformarse, algo así como en el cuento de Rumpelstiltskin, comenzando con paja y convirtiéndola en oro. Los mitos y el folclor están llenos de ejemplos de estos intentos, de los cuales ninguno es tan memorable como *El mago de Oz*.

El mago tenía fama y poder; podía inspirar terror a los leones, a los espantapájaros y a toda la tierra de Oz. Su creación de la marca del mago tuvo éxito por algún tiempo, hasta que alguien, y no era difícil de suponer, reaccionó ante él como lo hizo el niño con *El nuevo traje del emperador*.

Construya una marca auténtica;
no hay otra posibilidad.

Inspiraciones para su marca

Piense en dos de las más grandes marcas del mundo: Nike y Harley-Davidson.

Phil Knight, un hombre realmente original, formó un grupo con nueve rebeldes de la Costa Occidental de los Estados Unidos, como respuesta al reto que implicaba la marca alemana Adidas, que llevaba mucho tiempo en el mercado y estaba algo vieja para ese entonces. Juntos crearon una compañía como ninguna otra.

Desde sus inicios, Nike se deleitaba en ser diferente y lo proclamaba públicamente. (Un anuncio memorable de los comienzos mostraba a varios empleados mal vestidos y mal sentados en las sillas de un aeropuerto, y otro mostraba a un personaje que parecía ser un refugiado de "Los alegres bromistas" de Ken Kessey sobre el texto: "Nuestro primer empleado está todavía con nosotros. Parece".)

Nike permaneció fiel a estos inicios rebeldes. Tenía comerciales en los cuales aparecía Charles Barkley insistiendo en que él no era, ni sería, un modelo a seguir, una sugerencia atrevida. Pasaba comerciales del joven Tiger Woods anunciando que estaba listo para el mundo. Pero como golfista negro, preguntaba a su vez: "¿Están listos para mí?"

Harley nunca quiso ser nada más que una *Hog*, una motocicleta que apenas puede moverse si se vuelca. Harley nunca celebró que los Ángeles del Infierno (Hell's Angels, una compañía de motocicletas) la apoyaran, pero tampoco se apartó de esa conexión.

Cuando los japoneses invadieron los Estados Unidos con motocicletas más livianas, que volaban por las autopistas y volaban de los concesionarios, Harley le fue fiel a Harley. Se mantuvo auténtica, con amor por su pasado. Y como su marca inspiraba devoción, nos recordaba a todos nosotros cuán intensa puede ser la devoción a una marca, si es auténtica.

En un folleto de dos páginas, a todo color, Harley anunciaba una imagen familiar. Era un acercamiento del bíceps de un hombre bronceado con un tatuaje multicolor: el logo de Harley. Debajo de la foto un escritor había creado esta memorable frase:

"¿Cuándo fue la última vez usted sintió tal pasión por *algo*?"

Como los zapatos y las motocicletas, como nosotros; establecemos nuestras marcas en el mundo. Sólo tenemos éxito si somos fieles a nosotros mismos.

Las personas han desarrollado detectores sin falla para los engaños y los artificios. Se puede engañar a algunos durante algún tiempo.

Pero, finalmente, lo descubren, y ¡frena!

Una vida dedicada al marketing confirma la sabiduría de ser fiel a uno mismo. Al final, será más cómodo para usted; no tendrá que pensar en cómo quiere que lo vean. Funciona mejor también: usted adquiere confianza y comodidad, las claves de las relaciones duraderas.

Usted tiene una marca.
Asegúrese de que la suya es honesta.

La sabiduría de Apple: buscar las metáforas

En un mundo complejo, describir lo que usted hace o vende también se hace más complicado. Por ejemplo, pídale a alguien que le explique un plan definido de beneficios y sus beneficios. Ante sus ojos, los ojos de quien lo escucha se abren con asombro.

¿Quiere hacerse más atractivo?

Imite a Apple.

Alguna vez Apple ofreció diversos productos que eran útiles, hasta poderosos, en entornos de negocios. Sin embargo, la compañía encontró dos obstáculos.

Primero, las personas pensaban que los computadores Apple eran "computadores para el hogar", más como juguetes que como herramientas serias para negocios, más para aficionados que para profesionales serios. No importaba cuánta memoria, funciones, potencia Apple añadiera a sus computadores, no tenían una respuesta para: "¿Qué diferencia puede marcar un computador Apple en mi negocio?"

Los usuarios de los negocios se sentían a gusto con sus IBM y sus clones IBM.

¿Qué podría diferenciar a Apple?

Apple encontró la respuesta en una metáfora perfecta.

Era la "edición electrónica".

Los clientes lo captaron. Aun más, los clientes creyeron

que ninguna otra compañía ofrecía esto, porque nadie lo había mencionado. Debido a que los clientes asociaban a Apple con palabras y gráficos, en comparación con números y hojas de cálculo, Apple también sonaba como la herramienta ideal para la "edición electrónica", a pesar de que sus competidores también pudieran ensamblar "soluciones para edición electrónica".

Tenga en cuenta un punto sutil pero importante: la omisión de la palabra "soluciones" por parte de Apple. A fines de la década de 1980, "soluciones" se había convertido en una de las palabras más usadas en el mundo de los negocios. En pocos meses parecía que toda compañía, incluidas aquéllas de pinturas en aerosol y accesorios de mangueras para jardín, ofrecían esta cosa nueva llamada "soluciones".

El problema de las "soluciones", fácilmente subestimado, es que el término implica complejidad. Está en plural, para empezar. El término está diciendo: "No hay una única respuesta. Hay muchas". Los clientes saben que hay que considerar una variedad de productos y servicios para ver cuál combinación puede funcionar mejor.

Las "soluciones" prometían complejidad, cuando lo que la gente quería era sencillez.

Apple no ofrecía muchas cosas: ofrecía una metáfora simple y maravillosa: la edición electrónica.

(Note el efecto: la edición electrónica implica una solución única y simple. "Soluciones" sugiere muchas).

¿Qué metáfora hará que su mensaje tenga más vida?

Inspiración y metáforas

Un consultor de recursos humanos que tiene mucho éxito se refiere a él mismo como un "internista de recursos humanos". Asesora al departamento de recursos humanos de una compañía, identifica los malestares y receta curaciones comprobadas.

NameLab [Laboratorio de nombres] sugiere rápida e inteligentemente que la empresa tiene un enfoque científico, y tal vez un enfoque más comprobado, para desarrollar nombres de compañías.

Geoffrey Moore eligió *Cruzar el abismo* como la metáfora vívida para su libro, en el cual describía el reto de pasar de vender productos complejos a los amigos de la tecnología, para los que nada es demasiado complejo, a venderlos a personas como nosotros, que detestamos la complejidad y aún usamos sólo el diez por ciento de las funciones del reproductor de DVD.

(El mismo Geoffrey sugirió una vez que una metáfora afortunada puede equivaler a cuarenta mil páginas de análisis: Las ventas de *Abismo* parecen confirmar esto.)

Piense en los libros más vendidos de hace un año: *The Tipping Point (*El punto de quiebre*). Blink* (Parpadear). *The World is Flat* (El mundo es plano). Compare el poder de esas metáforas con los títulos monotemáticos que se hubieran podido escoger para decir lo mismo: Puntos de adopción acelerada del mercado, Juicios inmediatos, Un mundo realmente global.

Los títulos metafóricos sugieren que aunque los contenidos sean idénticos, los libros son diferentes.

Entre otras promesas que su metáfora puede ofrecer, prometa que sus comunicaciones serán más claras, más vívidas y más comprometidas; una promesa que por sí sola vale la pena para un cliente, en una era de confusión.

Para inspirarse, mire a su alrededor.

No me haga reír

Un amigo le cuenta un chiste poco gracioso; sin embargo, usted se ríe.

Eso es natural. Lo hace por amabilidad.

Pero cuando usted envía a alguien una autopromoción inteligente, alentado por quienes sonrieron cuando propuso la idea, pasa algo diferente.

Usted envía un paquete a un cliente en potencia. Envía una abeja de plástico, por ejemplo y le adjunta una nota: "¿Oyó el zumbido?"

Usted llama al receptor. "¿Recibió mi paquetito?" Él contesta que sí y añade: "Estaba lindo". Usted suma este comentario a la confirmación aparente de sus amigos de que la abeja es una buena idea, y decide que así debe ser. Los psicólogos tienen un nombre para ese error; se denomina efecto de consenso falso, el hábito de suponer que los otros están de acuerdo con nosotros cuando no lo están.

Usted sigue con su truco.

Pero el mensaje básico es: "Déme una oportunidad. Soy inteligente".

Muchas personas se sentirán incómodas con la implicación: que les falta sofisticación, que son fáciles de engañar y que pueden ser frívolas.

Un truco también puede indicar que usted no tiene nada importante que decir, de modo que se está confiando a juegos de palabras y trucos.

Si piensa: "¿Es mi idea profesional?",
probablemente no lo es.

Alardear de las credenciales

Usted ha trabajado mucho para conseguir lo que ha logrado.

Tiene razón de estar orgulloso y de suponer que otros los valorarán también.

Lo harán, pero mucho menos de lo que usted cree.

De nuevo, piense en la investigación que estudió el efecto de las credenciales de los expertos sobre los jurados. ¿Tienen las personas más fe en el experto con las credenciales más impresionantes: el "mejor" colegio, la nota más alta, la lista más larga de artículos en publicaciones respetadas?

No lo hacen. Tienen fe en la persona que se comunica con claridad.

¿Por qué poner énfasis en algo que importa, relativamente, poco?

En el peor de los casos, usted puede sonar poco modesto. Hacer alarde suena como tocar una bocina, repele a la gente.

Más importante, piense en la frase: "¿Qué ha hecho usted por mí últimamente?" Sus credenciales vienen de su pasado, y en la mente de los demás pueden revelar muy poco sobre su capacidad de satisfacer sus necesidades.

Sea cuidadoso cuando se halague.

No haga alardes, teja un cuento

Piense en un niño de dieciocho meses y escuche con cuidado.

Nuestro lenguaje refleja quiénes somos y cómo pensamos. Revela con claridad cómo reaccionan los otros a lo que usted dice, y la mejor manera de decirlo.

Escuche a los niños de dieciocho meses. Sólo usan algunas palabras y ellas revelan lo que aman. Con algunas excepciones, por ejemplo, los niños rápidamente aprenden los nombres de más de una docena de vehículos. Antes de que puedan decir "flor", ya saben decir camión, autobús, taxi, bicicleta, automóvil, camioneta, tractor y otra docena de cosas con ruedas.

A donde quiera que vaya y cualquiera que sea el género del niño, dicen una palabra a una edad muy temprana: "cuento".

Usted puede asombrarse al oír "cuento" la primera vez, porque no es una palabra fácil de articular para un niño. Cuando un niño la usa por primera vez, las otras dos palabras que han aprendido son las dos obvias: mamá y papá.

Mamá, papá, luego cuento.

¿Por qué tan pronto? Por que los cuentos son el modo como entendemos nuestro mundo a cualquier edad. Nuestras vidas son cuentos. Las noticias de la noche, los programas de televisión y las comedias: todos son cuentos. La música que nos gusta cuenta cuentos con su armonía o los evoca con palabras.

Los cuentos brindan contexto, y el contexto ayuda a todo el mundo de cualquier edad a entender.

Los cuentos tienen un poder especial porque se pueden traducir rápidamente en imágenes. Cuando oímos un cuento, lo vemos también, y las imágenes visuales se convierten en algo que se queda en la memoria mucho más tiempo que las palabras.

Decimos que cuando entendemos algo, lo "vemos"; los cuentos crean en la mente imágenes que vemos.

Esto plantea la pregunta:

¿Por qué cuando las personas venden, enumeran sus logros, en vez de contar cuentos?

¿Por qué muchas firmas invierten tanto tiempo en decir lo buenas que son y tan poco en contar sus cuentos?

Un asesor financiero le enumera a un cliente en potencia el conjunto de servicios de su firma: seguros, planeación, cuotas variables, planes definidos de beneficios, fondos mutuos, acciones y bonos. Tenemos este servicio y este otro y un récord de crecimiento y logros.

Al final de todo esto, ¿en qué está pensando el cliente en potencia?

¿Qué será una anualidad variable?

Piensa: "No sé qué son todas esas cosas. Estoy confundido, asustado y abrumado". Sabe que tiene tres niños, que se aproxima la entrada a la universidad, x cantidad de ahorros, una hipoteca y un ingreso de z.

Así que la pregunta para usted es simple:
¿Cómo puede ayudarme?
¿Ha hecho usted esto antes para alguien como yo?
Cuénteme el cuento.

Cuente cuentos.

¿Qué es un "buen cuento"?

Piense en Bambi o Pulgarcito.

Piense incluso en Mafalda, Tilín de *Carlitos* o el hombre araña en todas sus reencarnaciones.

Todos los cuentos buenos tienen un héroe, y otros dos elementos claves, los cuales debe incorporar:

1. Un reto serio.

2. El héroe lidia con el reto y aprende algo como resultado.

Es fácil saber por qué la mayoría de cuentos de las compañías fracasan. Mire este cuento de un folleto típico:

"En 1955, comenzamos el negocio como Herramientas y Tintes Acme. Hoy, somos una próspera compañía con oficinas en treinta y ocho países y con ingresos de cerca de 1.5 billones de dólares. Tenemos una certificación ISO-9000 y con frecuencia nos mencionan entre las 'mejores compañías del mundo para trabajar'".

En un sentido, es un cuento impresionante. Sólo hay un problema:

No es un buen cuento.

Tiene al héroe equivocado.

Si usted quiere que su cliente en potencia se identifique con su cuento, debe hacer lo que hacen los buenos narradores de cuentos: hacer que las personas se identifiquen con su héroe.

Su cliente en potencia no se va a identificar con usted, ni con su compañía, ni con sus productos, por una simple razón. Usted no es ni nunca podrá ser el héroe.

En cambio, ellos son sus propios héroes. Las personas se identifican con ellas mismas, están buscando soluciones a sus problemas. No están interesadas en ayudarle a obtener ingresos de 1.5 billones de dólares o a abrir una oficina en China.

Están interesadas en mejorar su propia vida, de alguna manera.

El cuento ideal habla de un cliente, no de la compañía. Coloca a quien escucha en los zapatos del héroe y crea suspenso alrededor de algún reto que deba enfrentar el héroe: un problema de salud, problemas financieros, algún gran deseo insatisfecho. Un buen cuento muestra cómo una persona puede sobreponerse a estos retos; tiene un final feliz.

Sus mejores cuentos no son sobre usted; son sobre *ellos*. Cuente cuentos en los que sus clientes sean los héroes y haga que sus clientes en potencia se identifiquen con ellos.

Luego ellos verán cómo los puede ayudar.

Haga que el que oye sea el héroe, no usted.

El primer truco
para contar cuentos

"Fue el mejor tiempo, fue el peor tiempo...".

"Las familias felices se parecen; todas las familias infelices son infelices a su manera".

Éstas son las palabras vitales en dos cuentos diferentes, todos contados de forma maravillosa: *Historia de dos ciudades* de Charles Dickens, y *Ana Karenina* de Leon Tolstoy.

Son la introducción

Cada una nos arroja inmediatamente a cada cuento. Cada una nos provoca una pregunta. Y cada una nos asegura que estamos en buenas manos: las manos de alguien que nos sostendrá durante el resto del cuento.

Su frase clave en cada presentación es la primera. Ésta debe hacer que quienes lo escuchen sientan un gran interés por escuchar la segunda; la segunda debe atraparlos para que escuchen la tercera.

Dicho de otra forma, *las primeras quince palabras son tan importantes como las mil quinientas siguientes.*

¿Cómo escribir la frase más importante? Con mucho cuidado: brinde a quienes le escuchan una importante razón para ello, pero sin anticipar el final. Con mucha frecuencia, quien habla revela el final. Como el público de las películas, quienes atienden una presentación pierden interés en un cuento cuando saben el final.

Piense, como modelos, en dos aperturas muy buenas de algunas presentaciones recientes.

"Cualquiera que cuestione el poder de una marca", comienza el presentador, "seguramente no ha pensado en el cómico cuento de Rogaine".

"Me di cuenta de que el texto necesitaba picante", comienza el presentador, "de modo que hice lo obvio: introduje un pterodáctilo".

Si usted se toma tres horas para escribir su presentación, tómese treinta minutos para escribir su introducción.

Agárrelos inmediatamente;
trabaje en su introducción...

El segundo truco
para contar cuentos

"Permítanme contarles un cuento muy bueno acerca de los certificados de depósito".

No, no lo haga.

Nuestros cuentos de negocios, no importa con cuánta gracia los contemos, siempre carecen de los elementos de los grandes cuentos que cautivan a los lectores: villanos, traición y violencia, sexo y romance. Fabricados con imaginación vívida, los cuentos con estos elementos atrapan naturalmente más público que los que hablan de cuotas variables, catéteres de angioplastia y asesorías en tecnología de la información.

Mantener el interés de quienes escuchan requiere mucho esfuerzo, porque ellos saben que les están vendiendo y no entreteniendo. En un sentido, conocen el final:

Usted quiere venderles algo.

Sin embargo, esto no quiere decir que usted abandone el arte de contar buenos cuentos. Por el contrario: *quiere decir que debe hacer un mejor uso de ellos.*

Esto nos lleva al segundo truco de contar historias: la siguiente apertura.

Usted comienza con una apertura poderosa. Luego ofrece algunos detalles que mantengan el interés de quien lo escucha. Usted ofrece más detalles. Ahora, como con una pieza musical, su cuento empieza a decaer y la audiencia también. Necesita un remezón.

Una reintroducción.

Así como la introducción agarra a la audiencia y la "mete" en el cuento, de vez en cuando debe llamar su atención

La reintroducción se parece a la introducción. Puede pensar en ella como la clásica pauta comercial que funciona tan bien: ¡Pero espere, hay más!

Algunos ejemplos:

"Esperaban obtener cinco millones en el quinto año. Obtuvieron siete millones. El cuento de cómo hicieron eso, ya verán, es aun más intrigante...".

"Pero la mejor parte del cuento es lo que pasó después...".

"Como si la inundación no fuera lo suficientemente grave, les cayeron rayos de nuevo, una semana después, en una forma más violenta: una visita del Departamento de Impuestos". (Decimos que los cuentos de negocios carecen de sexo y violencia, pero utilizan mucho terror.)

Esto hace que su audiencia se levante otra vez y se pregunte: "¿Y ahora qué?"

Cuando usted ensaye sus presentaciones frente a otros, pregúnteles: "¿Puedo introducir un poco más de intriga?" Y hágalo.

Esfuércese por mantener constante
el interés de sus oyentes...

Mejore el mensaje

Usted conoce el problema. Lo lee todos los días.

Un día recibe una comunicación que promociona algo: un servicio de telefonía celular, un nuevo restaurante, una vitamina maravillosa.

Y rápidamente lo hace a un lado.

Pero es posible que un día usted entre a la oficina de un asesor. El empaque de su mensaje es modesto, pero el mensaje mismo es atrayente.

"Cada uno de nuestros asesores renunció a una de las cuatro firmas más grandes de la industria y ahora trabaja con nosotros, y ninguno se ha ido. Y durante este tiempo todos los clientes se han quedado".

Encuentre su mensaje, manténgalo sencillo
y repítalo con frecuencia.

El arte de transmitir el mensaje con claridad

Los grandes comunicadores son editores competentes. Saben cómo quitar las partes que los lectores se saltan.

Los editores se toman su tiempo al editar, y al tomarse su tiempo, el mensaje que transmiten al lector es: "Usted es importante para mí".

Mark Twain expresó la importancia del trabajo de edición cuando escribió una carta a un amigo. Cerca del final, Twain se dio cuenta de que el número de palabras excedía la cantidad de ideas, y que le había dado a su lector una gran tarea. De modo que presentó disculpas y su comprensión del arduo trabajo del editor con una nota final:

"Hubiera escrito una carta más corta pero no tenía tiempo".

Revise cada memorando. Luego revíselo otra vez. Léalo en voz alta y pregúntese: "¿Cómo puedo decir esto de manera más sucinta?" La brevedad es poder.

Léalo en voz alta, revíselo de nuevo.

Sea claro

Por lo menos la mitad de cada documento es claro.

¿El problema? La otra mitad.

Las partes confusas, aun ligeramente, hacen que el lector adivine las que sí están claras. El lector piensa que entendió, pero la verborrea de algunas partes no aclara nada. Las partes confusas parecen contradecir la claras, ¿no es así?

De repente, el lector no está seguro de *tener* claridad.

Una técnica simple le ayudará a escribir con mayor claridad; esto a su vez hará que sus lectores se sientan más confiados y tiendan a pensar en usted como un experto:

Reduzca cualquier documento a la mitad.

Su último paso

Lea todo lo que escriba en voz alta.

El oído indentificará los errores que el ojo dejó pasar. El oído leerá el documento de la misma forma que lo hará el receptor. Si usted corrige sólo con los ojos, éstos lo engañarán porque saben lo que usted dijo. Ellos verán más lo que usted pensó que había escrito, que las palabras sobre el papel.

Cuando usted lee en voz alta, usted oye los errores. Sus oídos, al ser musicales, también oirán ritmos extraños. Púlalos y su texto fluirá para el lector. Éste lo leerá más fácilmente, disfrutará de la lectura y apreciará a la persona que se la ofreció.

Después de escribir algo, léalo
y escuche cómo suena.

Dos habilidades claves:

ESCUCHAR Y HABLAR

Cómo ser fascinante

Hace poco, un amigo habló con un colega que había asistido a una fiesta una semana antes. Un día después de la fiesta, una mujer con quien había hablado le envió un correo electrónico de agradecimiento. "Disfruté muchísimo de nuestra conversación", escribió.

Al día siguiente el hombre supo que la mujer había hablado con un amigo mutuo y le había contado que su colega era "un conversador maravilloso. ¡*Muy* interesante!"

Realmente interesante.

El hombre dijo que él no había hablado más de un minuto. Ella había hablado los otros cincuenta.

Escuchar lo hace cautivante.

Los oídos mandan

Constantemente, nuestro vocabulario revela nuestro modo de pensar.

Piense en lo que decimos sobre la conversación.

"Hablar mucho es de mal gusto". "Eso es sólo retórica". "Eso es tan sólo verborrea".

Ahora escuche qué más decimos.

"El silencio es oro".

Estas expresiones revelan lo que creemos: que las personas hablan demasiado y escuchan muy poco. No confiamos en las palabras, pero confiamos y alabamos a quienes escuchan.

"Ella es una gran oyente". "Él me escuchó de verdad".

Las empresas con frecuencia pasan comerciales que afirman: "Nosotros escuchamos". Suponen que valoramos esto porque significa que la compañía escuchará lo que el cliente necesita y le brindará una solución excelente. Por tanto dicen:

"Porque escuchamos mejor, ofrecemos mejores soluciones".

Estas empresas y sus anuncios dejan pasar lo importante. Usted puede escuchar a los clientes y no tener claro qué quieren, debido a que escuchar inteligentemente requiere hacer preguntas inteligentes. No es fácil.

No valoramos a las personas que escuchan porque ofrezcan respuestas. Cuando un amigo oye nuestros asuntos, no valoramos el que responda dándonos.

Valoramos que le haya importado lo suficiente para escuchar.

Basta con oírnos a nosotros mismos articular nuestros problemas para obtener claridad, como la psicología moderna lo afirma al poner énfasis en la terapia de revelación. Como sucede en este tipo de terapia, quien habla no valora sólo la respuesta de quien escucha, sino su atención. Es satisfactorio ser escuchado.

Asombrado por el rápido avance de Ben Taylor, quien había llegado a los Estados Unidos proveniente del África y al poco tiempo estaba dirigiendo una importante franquicia de ExecuTrain, alguien le preguntó por la clave de su éxito. Inmediatamente, Taylor contestó:

"Yo escucho".

Un consejo sencillo le ayudó a Ruth Ann Marshall a llegar hasta la cima de su profesión: la presidencia de Master-Card Internacional. Ruth se acordó del consejo de su madre cuando le pidieron que hablara sobre las grandes lecciones de su vida:

"Tú tienes dos oídos y una boca, Ruth Ann. Eso significa que debes escuchar el doble de lo que hablas".

Escuche. De manera activa
y con frecuencia: siempre.

La manera más fácil de perder a alguien

Hace años, le preguntaron a un cirujano exitoso qué le hacía falta en la vida.

Como tantas afirmaciones profundas, la importancia de la respuesta no cobró sentido sino años después. "Quisiera ir de Safari a África", dijo. "Pero no hay ninguna otra cosa que quiera o necesite, y tengo más dinero del que quiero gastar. Lo que más anhelo y extraño es tiempo".

Medimos a nuestros amigos exactamente así. Medimos nuestra importancia para ellos en tiempo. Los conocidos sólo nos dan momentos, los amigos nos dan horas; los buenos amigos nos dan días.

Los demás lo verán a usted en proporción directa a cómo usted "dé la impresión de verlos a ellos". Otro cuento ilustra esto y el valor del tiempo.

María podría haber sido una estrella. Todo parecía indicar que así sería. Cuando tenía treinta y tres años fue nombrada directora regional de ventas de su compañía. Tenía cuarenta y cinco personas a cargo. Su rápido ascenso parecía inevitable por su energía, encanto, atención a los detalles y habilidad para vender.

Diez años después, estaba buscando trabajo. Dos años después de eso estaba buscando otra vez, debido a su falla, fatal pero con solución.

Era evidente desde antes. La fuente de la falla era su ansiedad.

Pero no fue su ansiedad lo que la hizo fallar. Fue el producto secundario. En cualquier parte en donde estuviera, actuaba de afán. No sólo le resultaba difícil quedarse quieta, sino concentrarse en la persona con quien estaba hablando. Se distraía: alguien entraba al recinto, le surgía una idea. Atendía la distracción y se desconectaba de la persona.

No era consciente de lo que proyectaba. Nunca nadie se lo dijo.

En cambio, las personas sentían que eran poco importantes para ella. Los clientes que en un principio había conseguido, se retiraban. Los colegas que habían quedado cautivados por su energía después se molestaban por el poco tiempo que les dedicaba.

A ella sí le importaba la gente. Ella lo sabía, sus amigos cercanos también lo sabían. Pero la primera regla en ventas y marketing no es: "Acépteme como soy".

Al comienzo de su carrera, y al principio de una reunión con ella, las personas con quienes se encontraba pensaban que su falta de atención hacia ellas se debía a su energía e ímpetu, y trataban de tolerarla. Pero a medida que pasó el tiempo, perdieron la paciencia, y ella perdió terreno.

Usted es quien aparenta ser. Y ella con mucha frecuencia aparentaba interesarse en cualquier cosa menos en los demás.

Ha debido aprender una regla: la regla del segundo.

Cuando usted escuche a alguien, haga una pausa durante un segundo antes de responder. Es señal de que ha escuchado. Si comienza a hablar inmediatamente, dará la impresión de que ha estado esperando a que el otro termine de hablar para hacerlo usted y llegar a lo importante: expresar sus opiniones.

Antes de hablar, tómese un segundo.

Los malos entendidos al escuchar

"No estoy muy ocupado ahora, sólo estoy escuchando algo".

Esa afirmación ilustra nuestro problema. Consideramos el hecho de escuchar y de hablar de forma diferente. Creemos que hablar es una *actividad*, somos *activos* cuando lo hacemos, aun animadamente. Algunos conferencistas con éxito incluso parecen hiperactivos.

¿Pero, qué es escuchar?

Pensamos que escuchar es algo pasivo. Todo lo que necesitamos hacer es sentarnos a oír. Suponemos que funciona.

Pero no es así, como lo revelan las clases de la universidad.

Un estudiante universitario puede atender clase, apenas escuchar y tratar de confiar en su memoria después, cuando es hora de tomar el examen. La mayoría de estudiantes sabe que las cosas no funcionan así. Toman notas. Lejos de ser pasivos, son más activos que el profesor, quien está simplemente hablando. Los estudiantes están escuchando y escribiendo, y en algunos casos, leen lo que acaban de escribir.

Su experiencia nos recuerda que escuchar con éxito es algo activo. Implica un compromiso.

Pero a usted se le dificulta tomar notas. Entonces, ¿qué hacer?

Lo mejor que puede hacer es visualizar lo que el hablante está diciendo. Si está describiendo un bote en el Cabo, visualícelo en un barco de vela impulsado por el viento que va sobre las olas. Si describe a sus amigos de la Florida, visualice las palmeras, de modo que usted pueda absorber y recordar cada detalle.

No recordamos bien las palabras. Recordamos imágenes.

Escuche en imágenes y lo hará mucho mejor, y su obvia atención agradará a quien habla.

Escuche activamente: en imágenes.

Un paso más

Los psicólogos saben que nuestro cuerpo refleja nuestros pensamientos. Si estamos tristes, por ejemplo, tendemos a encoger los hombros y agachar la cabeza.

A la inversa es verdad también. La mente sigue al cuerpo. En forma voluntaria, encoja los hombros y agache la cabeza y sus pensamientos se volverán tristes.

Escuchar funciona de la misma manera. Una forma efectiva de escuchar mejor es literalmente *disponer el cuerpo entero para ello*. Sienta todo su cuerpo, desde las manos hasta los pies, comprometido con quien habla. Cuando compromete su cuerpo con el hablante, su mente también lo hace.

De nuevo, quien habla lo notará y apreciará el interés que usted muestra.

Disponga todo su cuerpo para escuchar.

Trate de percibir lo que hay más allá de las palabras

La mayoría de la gente desconoce lo que piensa. Lo tiene en el inconsciente. No lo expresa y con frecuencia no puede hacerlo.

Esto tiene una enorme implicación que, en parte, contradice el consejo que ha oído a lo largo de su vida: escuche. El problema con este consejo es que cuando usted escucha, todo lo que oye es lo que la gente sabe y lo que está dispuesta a decir. En el mejor de los casos, sólo el diez por ciento del cuento.

Si todo lo que hizo fue escuchar, todo lo que sabrá es lo que dijeron.

Usted no puede limitarse a escuchar. *Debe observar.* La vida no es sólo palabras, es acciones. ¿Cómo se comportan?

¿Qué hace la persona? ¿En qué gasta su tiempo y su dinero? ¿Qué le dice su postura? ¿Qué le indica su biblioteca?

Escuche las palabras, pero luego use los ojos: observe lo que le están diciendo también.

El corazón de cada presentación

Sus estudiantes de Stanford todavía recuerdan a Ron Rebholz.

Al principio, pocos se emocionaron al oír a Ron. Iba a hablar durante tres meses de Shakespeare. Lo poco que los estudiantes universitarios habían leído de Shakespeare en secundaria parecía estar escrito en otro idioma.

Apenas podían descifrar los versos de *Romeo y Julieta*. Por ejemplo: "¿Pecado de mis labios? ¡Traspasa, dulcemente urgido! ¡Dame el pecado otra vez!". Tenía que ver con besarse, y posiblemente más. De otra manera las palabras del bardo los desconcertaban.

Así que pocos estaban emocionados en ese día soleado de otoño, hace muchos años cuando el señor Rebholz se tomó el escenario, y ellos se estaban preparando para cumplir con el requisito de tomar una clase de literatura.

En minutos, todo eso cambió. Estaban emocionados, no, embelesados porque Rebholz lo estaba. Por lo menos, cada uno de ellos podía decir, ya que obviamente este hombre lo sentía de manera profunda, que Shakespeare sí importaba. Los estudiantes sintieron que podrían cambiar su vida si insistían, leían con cuidado y miraban a través del lenguaje usado por Shakespeare para encontrar las verdades que transmitía.

¿En dónde sentirían el cambio? En donde importa más: en su espíritu.

Ninguna presentación que usted haga, sea sobre Hamlet o sobre la necesidad de mejorar las señales de tráfico en una esquina importante, tendrá éxito sólo por sus méritos. Usted puede creer que su material es lo suficientemente interesante y que lo dice bien, pero los demás sólo responden cuando usted lo siente, y siente la diferencia que marcan las palabras acompañadas de acciones.

La cabeza no va a ninguna parte hasta que el corazón la lleva.

Usted aprende esto si hace presentaciones con frecuencia. En sus primeras presentaciones, se asegura de que cada argumento sea sólido, todos los datos estén bien presentados y toda su lógica sea irrefutable. Luego termina, se baja del podio y se da cuenta de que nada ha cambiado.

Otro fenómeno ilustra este punto. Es la experiencia de mucha gente que ha estado acostumbrada a dictar conferencias durante años. Con el tiempo, alguien se le aproxima después de la presentación y en el transcurso de la conversación le dice: "Usted es un gran motivador".

Muchos conferencistas se sienten heridos cuando escuchan eso. Todo el trabajo y estudio, dicen, ¿y tan sólo soy uno de esos recreadores que se ven en televisión, saltando por el escenario como una porrista? Poco después, se dan cuenta de lo que una presentación eficaz en realidad comunica.

Se dan cuenta de que una gran presentación *debe* motivar.

Una observación maravillosa sobre la enseñanza ilustra esta idea: "Un profesor malo describe; un profesor bueno explica; un profesor excelente demuestra y un gran profesor *inspira*".

Diga lo que diga cualquier presentación eficaz, lo que transmite es que el tema *importa;* es importante que usted siga contando con mis servicios, lea este artículo que yo leí, piense en votar por mi candidato. ¿Y en dónde importa?

En el corazón y en el alma. Las grandes presentaciones no son intelectuales; son espirituales. Usted debe tocar el corazón y el alma.

Los planeadores financieros eficaces no le venden la idea de cuadruplicar su dinero en cinco años; le venden el *sentimiento* que experimentará cuando lo haya hecho.

Los reclutadores de fútbol de secundaria no les venden a los jóvenes nueve victorias, dos derrotas, ni la oportunidad de jugar en partidos televisados. Les venden el *sentimiento* de estar entre la personas que les gustan, de oír en su casco ecos de las barras de 80.000 fanáticos y todas las demás sensaciones que se resumen en un sentimiento que todo jugador de fútbol conoce: la sensación que un observador llamó "la emoción de la gramilla".

(No lo olvide: nadie puede explicar en forma adecuada este sentimiento, pero pocos sentimientos lo igualan.)

Toda gran presentación motiva.

El papel de la elocuencia

Usted sabe esto; lo ha oído.

Un conferencista se levanta, habla en forma elocuente, transmite inteligencia y conocimiento y se sienta. Usted está impresionado pero no conmovido. Semanas después, otro conferencista se levanta.

Siempre ha sido así. Siglos atrás lo ilustraron dos generales griegos, Esquines y Demóstenes. Como David Ogilvy demostró más tarde en su clásico *Confesiones de un publicista*, Esquines habló de manera brillante, en detrimento propio. El público deliró con su elocuencia.

Demóstenes, por el contrario, tartamudeó con varias palabras e incluso divagó. Nadie se maravilló ante su habilidad pero todos se conmovieron con su pasión.

El público admiró y aplaudió a Esquines, pero fue cuando Demóstenes habló que la audiencia se miró y gritó: "Debemos marchar en contra de Felipe".

El conferencista elocuente nos impresiona, pero no nos mueve a actuar. No nos conmovemos porque quien habla parece no estar conmovido. Si esto no le importa realmente al que habla, entonces decimos, ¿por qué habría de importarme a mí?

No los impresione; conmuévalos.

Cómo seguir avanzando

Bob Dylan una vez escribió un capítulo para un libro sobre liderazgo llamado: *El papel del líder siempre es hablado.*

Tenía razón. Los líderes de todo, y en todo, hablan. Hablar se considera tanto una señal como una obligación del liderazgo. Los verdaderos líderes adquieren conocimiento y lo comparten.

Luego, su carrera llega a un punto crítico: la intersección de "hablar" y "no hablar".

Hablar conduce al norte. Asciende.

No hablar conduce a un giro a la derecha y nos lleva lateralmente.

Usted puede escoger el camino más fácil. Como todos los caminos de menor resistencia, sin embargo, no lleva lejos. Y caminar por ahí trae pocas satisfacciones.

Empiece a preparar, hoy mismo, su llegada a esta intersección.

Mire hacia el norte; empiece ahora.

Cautivar a la audiencia

Usted no cautiva a su audiencia.

Usted cautiva a las personas, una a la vez.

Si una audiencia le responde, es porque cada persona lo hace de manera individual. Cada una responde porque usted las ha cautivado una a una directa y específicamente.

Usted cautiva a cada miembro de la manera como lo hace con cualquier persona: mirándolo a los ojos. Sus ojos, como dice la sabiduría popular, son las ventanas de su alma.

Sus ojos reflejan quién es usted y qué está vendiendo.

Hable con una persona, no con muchas, mirándola a los ojos.

En sus ojos

En una relación de negocios, en cada momento, usted está haciendo lo que el término sugiere: relacionándose.

No está relacionándose con una persona si está concentrado en una página, leyendo la presentación.

Tampoco se está relacionando si está mirando una pantalla, leyendo del Power Point.

O mirando a un lado del salón, pero casi nunca al otro.

O mirando sólo a algunas personas, pero no a todas.

Cada vez que mira a lo lejos, invita a quienes escuchan a que hagan lo mismo, cada vez que mira a lo lejos, causa la reacción instintiva: "¿Qué está escondiendo esta persona?"

"¿Por qué tiene miedo de mirarme?"

Los estudiantes de lenguaje corporal aprenden que sólo los mentirosos patológicos pueden mirar a alguien a los ojos cuando mienten. Todos sabemos esto de manera instintiva; es por eso que usamos una frase común cuando tememos que alguien no nos está diciendo la verdad:

"Míreme a los ojos y dígalo". Para inspirar confianza usted debe mirar a las personas a los ojos.

Mire a los ojos. Constantemente.

Cómo hacer una presentación excelente en diez minutos

Escriba una presentación de veinte minutos.

Corte la mitad más floja: los cuentos más débiles, las palabras innecesarias, la parte que menos le gusta.

Luego recorte un minuto y haga una presentación de nueve minutos.

Hablará con más intensidad y energía porque tiene menos tiempo. Eso lo hará ser más animado.

Su material sonará más interesante y contundente.

Lo mejor de todo, a la audiencia le encantará que usted termine un poco antes. Pensará que usted es organizado, sucinto, confiado y respetuoso con su tiempo. Mantendrá el horario de la reunión, o ayudará a recuperar el tiempo perdido, el cual siempre se necesita en una reunión.

La audiencia sentirá que usted respeta sus necesidades en lugar de satisfacer su propio ego.

En breve, dejará múltiples buenas impresiones.

Al hablar, como muchas cosas en la vida,
menos es más.

Cómo hacer una presentación excelente en treinta minutos

Hable durante veintidós minutos.

Por qué las presentaciones deben ser cortas

Porque las personas tienen poco tiempo y han aprendido que pueden obtener información valiosa en minutos.

Y porque han estado condicionadas por la televisión. Cada doce minutos un comercial les permite tomar un descanso. Esto las ha condicionado a lapsos de doce minutos.

Otra pista del valor que tiene la brevedad para las personas está en una frase familiar: "Lo bueno si breve, dos veces bueno".

Para las audiencias, breve es bueno.

Sea breve.

Atraer a los de atrás

Algunas veces usted necesita mirar hacia los árboles. Con un poco de práctica se puede.

Los grandes actores tienen este don, el cual fue demostrado vistosamente en el Teatro Griego de Los Ángeles, en el verano de 1968.

La gran figura era el cantante Harry Belafonte. Incluso los estudiantes universitarios, tan a la moda, tan modernos para el calipso, tan de la era de Sargeant Pepper, que estaban en la audiencia, sintieron la magia de Belafonte.

Para apreciar su don, imagínese un anfiteatro al aire libre con filas de asientos que llegan hasta donde llega la vista. Mire hacia arriba, y verá encima y detrás del anfiteatro otra fila: los gruesos árboles que están en la parte de atrás del teatro.

Mire un poco más de cerca y se dará cuenta de que los árboles no están solos.

Están ocupados. Por lo menos cincuenta personas están sentadas allí para ver a Belafonte.

Nunca hubiera visto a los tres moradores de los árboles si el señor Belafonte no se hubiera dirigido a ellos en varias ocasiones. Con su afecto y carisma, Belafonte bromeó con este grupo, para quienes acuñó un nombre especial: los universis.

Eran los estudiantes universitarios becados que no podían pagar ni siquiera asientos en la última fila. Pero se subieron a los árboles felices con el ánimo de ver al gran cantante. Él estaba conmovido y los estudiantes también.

Al hablar en público, se dice que esto es "atraer a los de atrás". Donde quiera que vaya, así sea una fiesta grande o una presentación grande, atraiga a todo el mundo, y empiece por los de atrás.

Esto no es hacer de usted el centro de atención, aun cuando en una presentación usted, literalmente, está parado en el centro del escenario.

Los mejores presentadores y las personas más efectivas atraen a los demás hacia el centro del escenario, aun cuando son ellos quienes están ahí parados.

Al hacer que la audiencia haga parte de su presentación, usted crea una experiencia especial.

Hágalo.

Cuando sea dueño del escenario, especialmente entonces, compártalo.

La generosidad, la calidez y el sentido de estar conectados hacen que un buen momento sea mejor, y lo hace a usted muchísimo más eficaz.

Mire hacia los árboles.

Chistes

Después de haber escuchado algunas presentaciones usted puede creer que hay una regla cardinal:

Empiece con un chiste. Aparentemente, rompe el hielo con la audiencia.

Armado con este saber, usted busca algunos chistes. Cuando le toca hablar, usted saca un par de esas joyas. Su audiencia se ríe, confirmando que esa técnica funciona.

Casi nunca funciona.

La audiencia se ríe. Se ríe no porque quiera hacerlo, sino porque usted quiere que lo haga. También se ríe porque admiran su voluntad de hablar en frente de todo el mundo; el miedo a hablar en público es la fobia número uno en el mundo, más que las serpientes o el miedo a la muerte. Los miembros de la audiencia no quieren que usted se sienta paralizado desde el comienzo, como ellos se sentirían.

Así que se ríen para darle ánimos.

También se ríen porque nuestra cultura los ha condicionado a hacerlo. Desde niños han oído las grabaciones con risas en todos los programas cómicos de televisión y han aprendido: "Chiste, luego risa".

Cuando usted trata de contar chistes, sin embargo, atraviesa un campo minado. Al contar un chiste compite, a los ojos de la audiencia, con los comediantes que aparecen todos los días en la televisión. Estos profesionales han practicado durante horas. Saben correr perfectamente mientras que usted está aprendiendo a gatear.

Más importante aún, cuando la gente escucha a estos comediantes, nunca sospecha que el comediante está contando un chiste. Los comediantes están contando cuentos. Están relatando su propia experiencia y punto de vista. Están contando quiénes son, qué es lo que piensan, qué creen.

Esto lo atrapa porque usted está interesado en los demás, en parte porque le enseñan cosas sobre usted mismo.

Cuando usted cuenta un chiste ajeno, no se está revelando a sí mismo. Tan sólo está repitiendo el chiste de alguien más. Para empeorar las cosas, algunos presentadores pretenden que sus chistes los involucren de verdad. "Mi esposa me dijo ayer, Pepe…".

Los oyentes siguen el chiste hasta el final y luego se dan cuenta de que era demasiado gracioso para que le sucediera a este *aficionado*; ninguna esposa es *así* de chistosa.

Los oyentes deciden, por lo menos en forma inconsciente, que el presentador ha empezado con un truco, y se sienten decepcionados.

Usted no puede competir con profesionales y tampoco puede darse el lujo de decepcionar.

Tenga cuidado con los chistes.

El chiste que sí funciona

Chistes sobre rubias, gordos, políticos...la lista es intermi-
nable; hay muchos chistes a costa de otros.

De hecho, se dice que por cada diez chistes, una persona hace cien enemigos.

Sin embargo, a las audiencias les encantan los chistes a
costa de otros:

Les encanta cuando el presentador se burla de sí mismo.

Cuando usted lo hace, se baja del podio y se pone al
mismo nivel del piso. Es como si dijera: "Estoy aquí arriba
pero realmente estoy con ustedes".

Observe su vida cuando esté buscando chistes. La mayoría de los grandes cómicos modernos son *observadores;* miran alrededor y ven cuán profundamente tontos, absurdos,
graciosos o simplemente humanos podemos ser todos: nosotros y ellos.

A la gente le gusta el humor cotidiano porque es el de
ellos también. Aprecian profundamente a quienes lo pueden
encontrar. Su humor les brinda una clave de su calidez y les
permite mirar dentro de usted. Los chistes, por el contrario,
apenas les dicen que usted se encontró un libro de chistes y
se aprendió de memoria uno o dos.

Permita que los chistes se burlen de usted mismo.

Los peligros del PowerPoint

Armados de la información brindada por los fabricantes, de que los seres humanos recuerdan más y mejor lo que ven que lo que oyen, los ejecutivos de negocios han transformado el mundo.

Ahora vivimos en el mundo del PowerPoint y hemos creado un problema, tal y como lo ilustran las siguientes historias.

Tenga cuidado con las diapositivas.

¿Ayudas para entender?

Una multinacional, con base en Colorado, Estados Unidos, cambió su nombre en 2002. Después de tres años de sólido crecimiento, decidió averiguar cómo le estaba yendo en realidad.

Específicamente querían saber si era más conocida y, si era cierto, por qué razón.

Las dos respuestas desilusionaron a la gerencia.

Cuando los investigadores preguntaron a los clientes en potencia: "¿Qué compañías conoce en esta industria?", sorpresivamente pocos nombraron la empresa de Colorado. Cuando les mostraron a los encuestados el nombre de la compañía, en un acrónimo de tres letras, la respuesta fue decepcionante. Muy pocos clientes en potencia reconocieron el nombre.

¿Qué reconocieron estos clientes en potencia? Con una frecuencia tan sorprendente como su silencio sobre el nombre, respondieron:

"El globo".

La compañía usaba un globo azul como símbolo. El globo, más pequeño que su nombre, era azul. El nombre de la compañía estaba en un negro más atrevido y conspicuo. ¡Con seguridad el nombre era más memorable que un símbolo tan común como un globo!

Pero no lo era.

¿Por qué los clientes en potencia recordaban el globo pero no el nombre? Después de todo, habían oído y leído el nombre con más frecuencia que la que habían visto el globo, y el nombre se veía más y era más notorio. Además, nombre era "visual". Los clientes en potencia veían el nombre descrito o, como se dice, "visualmente".

No podían recordar el nombre porque las palabras *no* son visuales; las palabras son palabras. Los estudios muestran que recordamos las palabras cuando las traducimos a imágenes visuales. Cuando oímos "burro", por ejemplo, no vemos las letras b, u, r, r, o.

Vemos el animal.

Por la misma razón, nos esforzamos en recordar grupos de letras, porque no las podemos visualizar.

Esto nos conduce a la falacia de las presentaciones en PowerPoint. Suponemos que si un presentador refuerza un mensaje con una diapositiva con las palabras claves, el mensaje tendrá un alto nivel de recordación. Pero esto no es cierto porque las palabras no son visuales.

La gente recordará la imagen de un globo. No así un conjunto de palabras

Tenga cuidado con las ayudas visuales.

Ayudas visuales, sí.
Ayudas de memoria, no

Sucedió en una reunión nacional de ventas en Atlanta, pero indudablemente ocurrió aquel día en Houston, Detroit y hasta en Dubrovnik también.

El director nacional de ventas de una importante compañía estaba revisando los resultados de un gran año y haciendo las proyecciones para el siguiente, con la ayuda de diapositivas con efectos especiales, que mostraban gráficas y tortas en una docena de colores brillantes.

Al final de la presentación, dos investigadores interrogaron a cuatro de los asistentes para evaluar sus tesis. Al haber visto las diapositivas previamente, querían poner a prueba qué tan bien habían comunicado el mensaje.

Preguntaron a las cuatro personas: "¿Cuáles fueron los obstáculos clave en América del Sur? ¿Cuáles fueron los productos que mejor y peor se vendieron? ¿Cuál fue el incremento en ingresos proyectado para el año que viene?"

Los interrogados contestaron de manera correcta el 30% de las preguntas, pero sabían varias de las respuestas antes de la presentación. Ninguna de las cuatro personas pudo nombrar más de un obstáculo; el presentador había mencionado cinco.

Sin embargo, el director de ventas había presentado la información visualmente; había usado ayudas visuales. Si los estudios sobre ayudas visuales de memoria son ciertos, los clientes en potencia hubieran debido retener el 70% de la información. Dichos estudios pueden ser confiables, pero se aplican a "información visual": imágenes en vez de grupos de letras, palabras o números en una pantalla.

Pero hay más. Los investigadores fueron un poco más allá. Preguntaron lo mismo al presentador.

Sabía muchas de las respuestas, como era de suponer y curiosamente pudo nombrar los productos que mejor y peor se vendieron (los seres humanos tienden a recordar los extremos pero no lo más ordinario), pero se equivocó en el orden de los cinco productos restantes. Su explicación fue simple, pero reveladora.

"Tengo toda la información en mis diapositivas".

Piense en lo que dijo. Dijo que no necesitaba conocer la información porque ya la tenía. Pero no la había almacenado en su memoria, en donde podría ser útil a la hora de tomar decisiones. La tenía en diapositivas, guardada en sus archivos.

No sólo nos confiamos demasiado en que las diapositivas nos ayudarán a transmitir el mensaje, sino que creemos que al elaborarlas adquiriremos el conocimiento suficiente. "Conozco y entiendo el material", pensamos, "porque yo lo puse en las diapositivas".

Aparentemente, las diapositivas no sólo les fallan a quienes escuchan, sino a quienes las presentan.

Las ayudas visuales por lo general
disminuyen la capacidad de entender
de cualquier persona.

Dónde fallan las diapositivas

Hemos dejado lo más fuerte para el final.

Las diapositivas no nos fallan sólo porque tienden a producir presentaciones que no comprometen a quien escucha con el material ni con el presentador, lo cual es crítico para el efecto de la presentación.

Las diapositivas engañan porque privan las presentaciones de lo que las hace más efectivas: el corazón.

En Nueva Orleans, después del desastre de 2005, se presentó una clara ilustración de esto. Cuando pasó el huracán Katrina, todo el mundo miró hacia atrás y dijo que lo que había sucedido se veía venir.

Sin embargo, nadie lo vio.

Para entender cómo pudo pasar esto, imagínese que escucha una presentación sobre emergencias en Nueva Orleans, seis meses antes del huracán Katrina.

Imagínese la siguiente diapositiva:

Aspectos preocupantes:

1. Adecuación de diques
2. Contraflujo hacia Pontchartrain
3. Otros aspectos relacionados con la infraestructura

Inmediatamente, usted siente el problema. La supervivencia de la ciudad, como aprendimos con horror después, era un asunto de vida o muerte. ¿Pero acaso la diapositiva transmite ese peligro, esa emoción, o el riesgo?

Al contrario, *está desdibujado.*

Pregunte a los anfitriones de una reunión qué es lo que quieren de una presentación. Quieren resonancia emocional. Quieren que las personas se inspiren, se motiven, se entretengan; quieren que las palabras pasen por los oídos del público y aniden en sus almas.

En lugar de promover esto, una presentación de diapositivas hace que su creador presente datos desprovistos de cualquier contexto emocional.

Imagínese a Martin Luther King en el Washington Memorial ese día, sus palabras mágicamente proyectadas sobrel el monumento de Washington para que todos las leyeran:

1. TENGO UN SUEÑO

- Una vida mejor
- Igualdad racial
- Puedo ver la tierra prometida

Esto nos trae al punto final. ¿Acaso Bolívar, San Martín, Churchill o cualquier otro personaje histórico, hubiera llegado tan lejos si hubiera usado ayudas visuales?

¿Adquieren nuestras palabras más fuerza mediante el uso de diapositivas que carecen de alma y corazón?

Entonces, ¿por qué las usamos?

Tenga un muy, muy buen motivo para usar ayudas visuales.

Cómo saber que hizo una presentación fenomenal

"Ojalá hubiera seguido".

Si deja a un grupo esperando oír más, habrá vendido algo: una segunda reunión
con ellos.

Todos los días, cientos de miles de conferencistas tienen al público en sus manos, pero tratan de quedarse demasiado tiempo, arrancar unas risas más, regodearse en la popularidad unos minutos adicionales; y el público busca la forma de salirse.

Evite esto y la gente lo recordará bien, y querrá oírlo; mejor, ansiará oírlo otra vez.

No sólo hágalo breve. Hágalo un poco más breve.

De Robin Williams a Dr. Jekyll:

RELACIONARSE

~~~~~~~~~

Toda venta es emocional

Primero evolucionamos emocionalmente y seguimos siendo emocionales, irracionales, intuitivos e instintivos. Para decirlo de manera simple, somos animales, aunque no nos demos cuenta

De hecho somos tan animales que compartimos el 98 por ciento de nuestros genes, cuarenta y nueve de cada cincuenta, con los chimpancés. Somos, como Desmond Morris escribió en forma memorable, *El mono desnudo*.

Esto significa que si lo único que usted le ofrece a la gente son razones para contratarlo, comprar sus servicios, o aportar a su causa, sólo se dirige a una pequeña parte de su mente. Parafraseando la letra de una vieja canción: el hueso de la cabeza se conecta con el hueso del corazón. Las emociones no operan separadas de la razón; con frecuencia la dominan. Las emociones influyen en la forma de pensar; los investigadores se lo pueden demostrar con un TAC.

Pensamos con todo nuestro cuerpo y nuestro ser.

Usted debe apelar a ambos.

Llegue a la cabeza a través del corazón.

Lo que las personas más anhelan de usted

Nuestras necesidades primarias son comida, abrigo y vestido, pero la mayoría de la gente ya ha satisfecho dichas necesidades. Ha reemplazado estas necesidades por deseos, de los cuales el mayor es el de ser apreciado.

Después del aprecio deseamos, y demandamos, como se puede ver esculpido en alto relieve en la película *El padrino*, el respeto. Se nota este apasionado deseo expresado en las iras de nuestra época: ira de carretera, ira de registro, ira de aerolínea.

En cada caso, se dispara la ira cuando alguien nos trata con irrespeto. "¿Cómo se atreve?", es el pensamiento obvio cuando Don Corleone ordena un golpe, o cuando un conductor hacer sonar su bocina con saña porque alguien se le interpone en el tráfico. Lo que pensamos en esos casos no es: "¿Cómo se atreve?", sino

"¿Cómo se atreve a hacerme eso a mí?"

Nuestro deseo de respeto nos conduce a otra exigencia de nuestra época: la necesidad de buenos modales. Parece innecesario y doloroso evidenciar la decadencia de la civilidad. Hace veinte años en casi todas partes, los conductores necesitaban ver semáforos en verde para saber cuándo pisar el acelerador.

Hoy no se preocupan. Si se demoran mínimamente, los conductores que vienen detrás les harán la señal de avance: tocarán la bocina.

Dentro de treinta años veremos películas con bocinas ruidosas, equipos de sonido aun más ruidosos en automóviles con ventanas abiertas, y voces más altas en los teléfonos celulares, y sabremos que la película se desarrolla alrededor del año 2006. Pero como todas las epidemias, esto representa un problema y una oportunidad.

La persona que tiene buenos modales será tratada bien y será altamente apreciada, y el deseo fundamental que usted debe invocar es el deseo más fuerte que tiene: el deseo de ser tratado como alguien importante.

Valore el deseo de cada persona de sentirse importante.

El momento clave de toda relación

Es el primero.

Las encuestas de las firmas de servicios revelan siempre que la bienvenida es la acción que más influencia tiene sobre la satisfacción de la gente. En una encuesta, el 96 por ciento de los clientes que dijeron que se habían sentido "muy bienvenidos" cuando entraron a la oficina de la compañía, afirmaron que estaban "muy satisfechos" con su experiencia total.

Las bienvenidas no sólo dan inicio a una buena relación, enmarcan la experiencia entera. El receptor se siente más comprometido, lo cual, a su vez, compromete al proveedor en un ciclo virtuoso.

Vuélvase un experto en bienvenidas: la manera como saluda a los demás, la forma como contesta el teléfono. Revise la respuesta automática en su correo electrónico, porque también con frecuencia actúa como su saludo. ¿También se oye como una bienvenida?

Vuélvase un experto en dar la bienvenida.

Todo lo que necesitamos es amor

Así como las universidades insisten en que sus profesores escriban con regularidad, que "publiquen o perezcan", William Zinsser dijo una vez que la mejor forma de aprender no es leyendo, sino escribiendo.

Cuando usted escribe, no sólo escribe lo que sabe. Usted escribe lo que piensa a medida que lo hace; el acto obliga a la mente a hacer conexiones, y ésas se convierten en hilos de pensamiento.

Hablar también abre su entendimiento como pocas otras experiencias. No es fácil para nadie y pensar en hablar en público aterroriza a millones. Pero cada vez que usted habla, aprende.

Un ejemplo claro fue durante un discurso en marzo de 1997 en la ciudad de Nueva York, en una presentación de Learning Annex.

El conferencista habló de los impulsos emocionales que están detrás de las decisiones de compra de la gente. En el momento de su charla, el miedo era uno de los tópicos favoritos. El miedo explica, por ejemplo, por qué una joven pareja que viaja desde Tampa hasta Orlando a visitar Disneylandia pararía en un restaurante conocido como Burger King en lugar de uno menos conocido con mejor comida y servicio. Al temer una mala experiencia en el restaurante menos conocido, eligen un restaurante bastante ordinario con la típica comida rápida.

Al final de la presentación, una mujer alzó la mano para hacer una pregunta. "Usted habla de miedo, inseguridad, el deseo de comodidad y otros sentimientos", dijo.

"Pero, ¿qué pasa con el amor?"

De inmediato, el presentador aprendió algo. Aprendió que cuando un presentador responde: "Ésa es una buena pregunta", quiere decir: "No tengo ni idea de cómo responder, pero tal vez pueda ganar tiempo".

La respuesta sobrevino, sin embargo, tan pronto como hubo comprado ese tiempo.

"Mi trabajo son los clientes que amo", dijo él. "Todo lo demás es sólo flujo de caja".

Ése no fue el punto clave, sin embargo, aunque era muy importante darse cuenta de que el trabajo es personal y que las relaciones están entre las recompensas más grandes. El punto clave, durante los años que siguieron, fue su comprensión del papel fundamental del amor en el trabajo.

Amor: queremos sentirnos amados. Esto es verdad para todos nosotros. Es verdad hasta para alguien que, por su experiencia, estará presumiblemente entre las últimas personas que alguna vez usarán la palabra "amor" para describir lo que necesitan en su trabajo: un ingeniero.

Este ingeniero en particular estaba describiendo un evento común a los clientes: esos días frecuentes cuando el representante de su proveedor de servicios "estaba en el área". El ingeniero habló por cientos de miles de clientes cuando describió la experiencia.

"Quiero pensar que soy el único cliente", dijo de manera memorable. "De modo que cuando usted esté en mi área y visite a alguien más, me gustaría que al menos parara un momento y saludara".

Fue incluso más lejos. Añadió: "No me emociona saber que usted tiene más clientes. Quiero ser el único".

El lenguaje del amor, ¿no es cierto? Una canción de amor incluye esa frase: "Quiero ser el único para ti".

Queremos sentirnos importantes, incluso amados. El menor desaire puede molestarnos.

Queremos sentirnos amados,
no importa cuánto lo tratemos de ocultar.

La importancia de la importancia

Hay grandes egos.

Pero no hay egos que no sean vulnerables.

Todas las personas son frágiles.

El ego de todo el mundo está lleno de talones de Aquiles. Piense, por ejemplo, en la editora del *Washington Post*, Katharine Graham, una de las mujeres con más éxito y, al parecer, indomable de los últimos cincuenta años.

Durante su trabajo con el *Post*, éste se convirtió en uno de los periódicos más respetados del mundo. Ganó Pulitzers, cambió el mundo y ganó millones de dólares, de los cuales una gran proporción le correspondió a la señora Graham.

Al finalizar su trabajo, Graham disfrutó de bienestar, fama, poder, honor y el respeto de millones. Tenía fanáticos y seguidores, amantes y amigos apasionados.

Sin embargo, permaneció como todos nosotros: propensa a la injuria por la mínima falta. Ella lo confesó.

Aunque recibiera tanta atención, la señora Graham no podía soportar el desaire que sentía cuando alguien, de manera inocente, escribía mal su nombre, Katharine. (Búsquela en Google hoy y verá el error repetido muchas veces.)

"¿Por qué esta gente no puede tomarse el tiempo de averiguar cómo se escribe mi nombre?", se preguntaba a sí misma. Es de suponer que Katharine nunca olvidaba el error, o la persona que lo cometía.

Fuera lo que fuera que trataran de venderle, así fuera sólo un punto de vista, fallaban.

No se tomaban el tiempo para ella. No les importaba lo suficiente, sentía ella.

A pesar de encontrarse entre las personas más importantes del mundo, el desaire hacía que la señora Graham no se sintiera importante.

La historia del fútbol universitario habría sido diferente si el entrenador de Ohio, John Cooper, hubiera aprendido la "lección Katharine Graham". En 1999, supo de un estudiante de último año de secundaria que, sólo en su primer año de fútbol, había llevado al equipo de la secundaria Findlay a la segunda vuelta del torneo del estado de Ohio. Cooper fue a conocer al joven jugador y le animó para que eligiera la universidad del estado de Ohio. El joven pudo haber aceptado, pero decidió que el entrenador no debía estar muy interesado: en forma repetida lo llamó "Rothberger".

Su nombre era Ben Roethlisberger, quien en tan sólo su segunda temporada profesional llevó a los Steelers de Pittsburg a ganar el Super Bowl XL.

Haga que las personas se sientan importantes.

¿Qué quiere la gente?

Entreviste a los clientes de firmas de servicios personales y pregunte: "¿Por qué continúa trabajando con estas personas y con esta firma?"

Usted supone que conoce la respuesta. Porque son expertos. A la gente le gusta trabajar con personas expertas.

A juzgar por los anuncios, a los clientes en potencia les deben encantar los expertos. Una y otra vez, los avisos y los folletos hablan del "compromiso con la excelencia" de la compañía. Supuestamente, los clientes buscan a las empresas con más destrezas y utilizan sus servicios mientras demuestren su talento.

Pero no lo hacen. Ésta no es la razón por la cual la mayoría de los clientes eligen a las compañías de servicios, ni tampoco es la razón por la que lo eligen a usted. La destreza es el requisito mínimo, y suponen que la mayoría de las personas la tienen.

En cambio, responden con una sola palabra. Usted oye esta palabra de sus clientes con mayor frecuencia que todas sus otras palabras combinadas.

La palabra es *comodidad.*

Oír esta respuesta causa consternación en la gente de estas firmas. Ellos quieren creer, y con frecuencia lo hacen, que son los mejores. Pero la evidencia abrumadora muestra que los clientes no escogen la "mejor" firma. Si así fuera, sólo una empresa en cada industria tendría el monopolio.

Entre otras razones, los clientes nunca se sienten convencidos, incluso después de largos estudios, de que tienen toda la información necesaria para decidir quiénes son los mejores. Han oído hablar de algunas firmas como las mejores, pero rumores de colegas y amigos los han hecho cuestionar eso. Ni siquiera han entrevistado a todos los posibles competidores por el título de "el mejor". No pueden decidir de forma contundente quién es el mejor. Ése es el mismo problema que usted enfrenta casi todas las semanas.

Usted nunca se siente seguro de cuál es la mejor máquina de café, proveedor de seguros de vida, lavandería, veterinario, contador, o las mejores decisiones que toma a lo largo de su vida.

Usted no hace la mejor elección. Usted no maximiza, como insisten los expertos en toma de decisiones. En cambio, usted "satisface". Usted elige lo que lo hace sentir bien; o para repetirlo otra vez, usted toma la decisión *cómoda*. Casi todas las personas con quienes usted entra en contacto toman la misma decisión también.

Piense en las palabras que usted utiliza cuando toma esa decisión. ¿Cómo explica lo que ha elegido? No lo hace. Sus palabras no son fuente del razonamiento. Son emotivas.

"Sentía que era la decisión apropiada".

Por esa razón, vale no seguir el consejo: "Primero, conozca a la persona", o, "Identifique qué le afecta", o cualquier otro número de primeras cosas recomendadas. En cambio, antes de hacer cualquier cosa, haga que la otra persona se sienta cómoda. En las siguientes secciones le diremos cómo hacerlo.)

Si primero que todo no hace que la persona se sienta cómoda, lo primero que haga puede ser lo último.

Para iniciar una relación
hay que sentirse cómodo.

La carrera la gana el rápido

Hace una docena de años, una asociación de profesionales hizo una pregunta sencilla:

"¿Qué es lo que los clientes más valoran?"

Las respuestas de los clientes dan otro punto de vista interesante en cuanto a lo que la gente valora en las relaciones.

Cuando la asociación ordenó este estudio de cerca de 300 clientes, los organizadores supusieron que varios tópicos adquirirían preponderancia. El primero era los honorarios. Las disputas sobre honorarios habían estado circulando en su industria por más de un año. Para ahorrar dinero, muchas compañías trabajaban con empleados fijos. De modo que los honorarios con seguridad aparecerían entre las tres razones principales de por qué los clientes continuaban trabajando con la firma actual.

No: los honorarios ocuparon el puesto número nueve.

Como eran profesionales, con grados avanzados y certificaciones oficiales, los miembros de la asociación estaban convencidos de que las destrezas técnicas deberían haber quedado entre los primeros puestos. Después de todo, estas personas habían contratado siempre a los mejores graduados, los estudiantes que demostraban las mejores aptitudes técnicas.

Las destrezas técnicas deberían haber quedado en el segundo puesto.

Las destrezas técnicas quedaron en el puesto número ocho.

¿Cuál quedó en el primer lugar?

"El interés individual demostrado por desarrollar una relación de largo alcance entre la compañía y yo".

Pero quizás lo más interesante de todo fue la que quedó en el segundo lugar:

"La velocidad con la que retornan mis llamadas telefónicas".

Nadie esperaba ni podía explicar esta respuesta. Afortunadamente nadie necesitó explicarla. Las personas encuestadas contestaron esta pregunta.

En el seguimiento, los entrevistadores preguntaron a las personas que habían dado a "velocidad de respuesta" uno de los primeros lugares en la lista: "¿Necesita la persona contestar su pregunta cuando devuelve la llamada?"

Los sujetos contestaron: "No". Sus comentarios durante el seguimiento finalmente descifraron el misterio y el sentimiento detrás de estas respuestas inesperadas.

Resultó que quienes llamaban esperaban que el profesional les devolviera la llamada lo más pronto posible. No esperaban que el problema se resolviera de forma inmediata, y no suponían que sus preguntas pudieran ser respondidas rápidamente. Quienes llamaban sólo querían lo que casi todas las personas quieren todos los días: Ser importantes para la otra persona.

Las personas ansían una pronta respuesta por lo que ello significa: "Usted es importante para mí".

Muchas personas se dan cuenta de esto, al menos en forma inconsciente. El mensaje grabado del contestador da la clave: "Su llamada es importante para mí, así que por favor deje su mensaje...".

Al igual que usted, las personas con las cuales usted se relaciona reciben golpes todos los días. El "personal de servicio" no las determina, las hacen esperar en fila en los aeropuertos y en las oficinas del gobierno, las hacen esperar en el teléfono.

En un mundo lleno de indiferencia, cualquier gesto que le diga a la gente: "Usted es importante", es como un regalo.

Conteste en forma rápida.
Haga todo de inmediato.

Todo lo que necesita saber sobre la integridad

"Haga siempre lo correcto. Esto gratificará a algunos y dejará atónitos al resto". Mark Twain.

Otra cosa que importa mucho

En menos de quince años, una nueva firma de abogados pasó de ser el sueño de sus fundadores al lugar de trabajo soñado de la región para los mejores estudiantes de derecho, gracias a su promesa única.

Desde el comienzo, la firma aseguraba a sus clientes potenciales que no trataría de resolver todos los problemas legales de quienes la buscaban. "Nos especializamos en siete áreas", anunciaba la firma en sus anuncios y folletos. "Si su problema está fuera del alcance de esas áreas, le ayudamos a encontrar al mejor abogado o firma para su caso".

Quince años después, usted puede caminar por el centro de Minneapolis y encontrarse al azar con personas familiarizadas con la industria legal. Mencione esta firma en particular y un gran número de personas le dirán: "Ah, sí. Ésa es la firma que le encontrará la firma adecuada si ellos no lo son".

No es posible ser un experto en todo. Ninguna persona, producto o servicio, incluyendo el suyo, puede servirle a todo el mundo. Si usted se posiciona como la solución para todo, las personas lo verán como la solución para nada. Las personas quieren especialistas.

Pero usted puede, como esa firma de abogados, ofrecer algo de valor en esta época de tantas opciones, tanta gente y tantas posibles soluciones.

Usted puede ser una *fuente*.

Puede ser visto como alguien que puede resolver el problema o *encontrar a alguien que pueda*. Usted puede ser la persona que tiene lo que ellos quieren o que conoce a alguien que lo tiene.

Estudie su industria y esas industrias que están estrechamente relacionadas. Apréndase los nombres de los expertos, especialistas y líderes de opinión.

Los excelentes proveedores de servicios son integrales. Como la firma de abogados, saben cómo y saben quién. Ellos pueden ayudarle o saber quién puede hacerlo.

Sepa quién.

Cómo poner un huevo

Una mujer ha sido invitada a hablar sobre cómo dictar conferencias.

Paremos aquí. Usted y ella conocen de antemano la dinámica involucrada en esta presentación. La mujer debe tener la reputación de alguien que sabe hablar con conocimiento de causa sobre cómo dar conferencias; para haber sido invitada, debe haber dado conferencias durante años. Gracias a eso, se ha ganado bien la vida, tal vez excepcionalmente bien.

Usted sabe eso, ella sabe eso, todo el mundo en la audiencia sabe eso. Ésa es la razón por la cual están sentados allí.

Quieren aprender *cómo* lo ha hecho.

¿Cómo va a cautivar a su audiencia? Para cautivar a cualquier audiencia, desde una persona hasta cien, usted debe primero establecer una *afinidad*. Necesita encontrar puntos en común.

Usted entra en la oficina de alguien a quien quiere persuadir. Ve un libro en la biblioteca sobre los indígenas del noroeste de los Estados Unidos. Usted lo menciona y se apasiona por el famoso discurso del jefe Joseph de Nez Percé y sus inolvidables palabras finales: "Desde donde estoy ahora no volveré a luchar jamás". Su pasión es genuina, y también lo es la afinidad que usted construyó al encontrar este punto de unión.

Usted también establece un campo común al pararse en un campo común. Usted puede estar hablando desde el podio, pero si insiste en mantener la distancia, ésta se mantendrá a lo largo de toda la presentación, y durante años después.

¿Qué hizo la presentadora? En vez de acortar la distancia, la agrandó.

"Mi contador me dijo ayer que ya puedo jubilarme; fue una excelente noticia". Lo que estaba diciendo era: "He hecho mucho dinero con esto, así que escuchen con cuidado".

O tal vez estaba realmente diciendo: "He hecho mucho dinero. ¿Verdad que soy especial?"

No estaba hablando sobre la audiencia; estaba alabándose a sí misma. Y su mensaje era innecesario; la audiencia sabía que era muy buena. Por eso habían ido a escucharla.

Pero los asistentes no querían oír hablar de lo buena que era ella. Querían oír hablar de cómo *ellos* podrían progresar al escuchar su consejo.

No querían que se les recordara el éxito que ella tenía. Eso sólo les hacía pensar, de alguna manera, que se habían quedado atrás.

Las personas no quieren saber lo bueno que es usted. *Las personas quieren oír lo buenos que pueden llegar a ser, y cómo usted los puede ayudar.*

Establezca puntos en común y alabe a los demás; no se alabe usted.

Campo común

Pregunte a un grupo de vendedores: "¿Han oído alguna vez de un antiguo marino que visita a otro marino y no cierra el trato?"

Todos niegan con la cabeza.

Para cerrar un trato, primero encuentre el campo común. Las sobrevivientes de cáncer de seno saben esto; se relacionan unas con otras preferiblemente, en lugar de hacerlo con quienes no comparten su campo común. Así lo hacen los latinoamericanos que viven en España, los chinos que viven en Occidente; la lista ocuparía páginas.

Nos sentimos a gusto (ésa es la clave de una relación estupenda) con aquéllos que pensamos que son como nosotros. Los estudios sobre animales, excluyendo los seres humanos, muestran lo mismo; los iguales constantemente se atraen, mientras que aquéllos que son diferentes son relegados. Los pájaros de ciertas plumas vuelan juntos y picotean a los que tienen plumas diferentes.

Sentimos que conocemos a las personas que son similares a nosotros porque sabemos algo de nosotros mismos. Sentimos que podemos predecir su comportamiento y sus reacciones porque podemos predecir el nuestro.

Esto nos hace sentir cómodos.

Gracias a que las primeras impresiones influencian profundamente lo que sigue, es aconsejable encontrar un campo común.

Haga su tarea. Conozca a las personas antes de que ellas lo conozcan a usted. Preste mucha atención al lugar de nacimiento (es básico para la mayoría de nosotros), a las universidades y a los pasatiempos.

Si usted va a su oficina, estúdiela rápidamente: los libros en la biblioteca revelan varias claves. Los objetos de interés con frecuencia contienen incluso mejores claves: trofeos, fotos de pesca o viajes, los dibujos de sus hijos de cinco años en las paredes, símbolos de sus deportes favoritos.

Antes de reunirse con alguien y durante los primeros segundos, encuentre un campo común.

Adaptar y adoptar

Todos los días, millones de personas reprueban su examen de ventas y jamás reciben una calificación. De hecho, están seguras de que lo han hecho bien: han sido entusiastas, convincentes y persuasivas.

En breve, piensan como la mujer que habló en un desayuno en un hotel de Atlanta.

Tenía energía y estaba animada. *Ése* era su problema.

Su cliente potencial —ella estaba tratando de coaccionar al hombre al otro lado de la mesa para que fuera parte de su junta directiva— operaba de manera diferente. El trabajaba despacio y con más análisis. Valoraba la pasión pero, más que todo, su perspectiva de cualquier negocio era la del buen inversionista. Él quería saber qué le podía aportar ella.

El error de la mujer no fue no contestar la pregunta. Fue la *forma* como trató de contestar.

Respondió muy rápido. El miembro de la junta en potencia le había transmitido que él obraba con más deliberación. Él necesitaba la información a su ritmo.

Pero ella no tuvo en cuenta la señal y continuó a ciento veinte palabras por minuto.

Ella no hizo lo que hacen los grandes vendedores. Falló al no 'reflejar e imitar'.

Todos los clientes potenciales viven y procesan la información a un ritmo particular. Algunos a ritmo de vals, otros a ritmo de rap, algunos en *adagio* y otros en *presto*.

Para que los clientes potenciales se sientan cómodos, deben sentirse parecidos a usted, y una señal temprana de similitud es el *ritmo*. Si su cliente potencial viaja a cincuenta kilómetros por hora, usted debe disminuir la velocidad al ritmo de él. Si usted elige un ritmo más veloz o más lento, él sentirá que usted no se está relacionando con él ni entendiéndolo. De hecho, parecería que usted ni siquiera está tratando.

Usted no habrá logrado adaptarse a él. Al hacer esto, le habrá dado a entender que es diferente de él, muy diferente.

Las personas escogen lo que es familiar para ellas. Un ritmo familiar, el propio, las hace sentir cómodas.

Para establecer un campo común,
imite el ritmo de quien lo escucha.

Las palabras mágicas para establecer relaciones

"Gracias".
"Bienvenido".
El nombre de la persona.
¿La cuarta? Los nombres de los hijos de la persona.
¿Las cuatro siguientes palabras mágicas?
"Yo pago la cuenta".

Use las palabras mágicas.

Lo que Procter &Gamble sabe: llegue cinco minutos antes

Es un buen consejo el escuchar a los clientes potenciales y a los clientes, pero hacerlo ordinariamente sólo producirá resultados ordinarios.

En cambio, usted debe escuchar como si su carrera dependiera de ello.

El valor de escuchar intensamente fue revelado en una reunión inusual en Lake Las Vegas, Nevada, en la primavera de 2005. Una de las principales firmas de ingeniería convocó a cinco de sus clientes de Nevada con el fin de averiguar qué es lo que los clientes más valoran de sus consultores.

Durante la mesa redonda, que duró una hora, los clientes arrojaron luces brillantes sobre lo que la gente valora de los consultores que contrata. Ningún comentario fue más diciente que el de Doug: Reúnase más con sus clientes.

Como todos los clientes, Doug quería sentirse importante para la firma y los individuos que había contratado. Al expresar este deseo, les enseñó que era vital para él que los consultores "caminaran en sus zapatos". Dio un buen consejo: que supieran no sólo lo que él quería, sino cómo trabajaba. Que conocieran las presiones y demandas de su trabajo.

Para enseñar eso, él mencionó que quería que los consultores asistieran a las reuniones de la junta. La mayoría de las personas en la audiencia oyeron eso, y concienzudamente escribieron el consejo de Doug: *Reúnanse más con sus clientes.*

Pero eso no fue exactamente lo que Doug dijo. Dijo algo más, y más importante: añadió una palabra.

La palabra fue: "puntalmente".

Viéndolo bien, es fácil concluir que llegar a tiempo a una reunión de la junta de Aguas de Nevada no le ayudará a comprender mejor los temas de la junta. Dichas reuniones suelen retrasarse porque por lo menos un miembro de la junta llega tarde. Como sucede en casi todas las reuniones de juntas directivas, ésta comienza con generalidades: discusión sobre el clima, el partido de la noche anterior. La persona obsesivamente eficiente, de hecho, llega a las reuniones cinco minutos tarde, por una sola razón: pocas reuniones empiezan a tiempo.

Entonces, ¿por qué Doug, y virtualmente todos los clientes en el mundo, quieren que sus consultores se presenten a tiempo? No es para que el consultor esté mejor informado. Es por lo que la llegada a tiempo del consultor comunica: esto es lo más importante para mí en este momento de mi vida. No hay nada más, igualmente o más importante, que requiera mi atención.

El 90 por ciento del éxito está en *ser puntual.*

A un cliente, esto le dice: "Usted es importante para mí". De hecho, Procter & Gamble enseña esto religiosamente. Su regla es: si usted no llega cinco minutos antes, llega cinco minutos tarde.

Siempre sea puntual.

El poder extraordinario
de lo ordinario

Lo anterior vale la pena repetirlo, por varias razones.

El 90 por ciento de cualquier asunto es presentarse.

Cuando usted tiene veinte años y oye estas palabras, suenan cómicas. Usted no las toma seriamente. Hace lo contrario. Se ríe.

Cerca de los treinta, usted se aferra a la creencia de que el éxito es el residuo del conocimiento. Cultive sus aptitudes, cualesquiera que sean, y el mundo acudirá a usted. Usted no sólo se presenta, sino que lo hace en forma brillante.

Poco a poco, sin embargo, usted se da cuenta de que el humor de las bromas no reside en qué tan lejos están de la realidad. Sino en qué tan cerca.

Presentarse realmente importa.

Usted puede aprender eso al ayudar a las compañías a comercializar sus servicios. Con el tiempo, un patrón emerge. Usted ve que las compañías ocupan nichos en el mercado, y aprende que tan sólo existen unas pocas posiciones de poder.

En el área de los servicios, y usted está ofreciendo uno, hay una posición que surge con especial fuerza y con contundente atractivo para un gran porcentaje de clientes potenciales. Lo llamamos: "El representante confiable".

Usted puede identificar en forma inmediata algunos negocios famosos que ocupan este nicho. Puede haber pensado en las máquinas lavadoras Maytag, gracias al uso inteligente, y repetido por décadas, de su ícono: el reparador de Maytag. Él no tiene nada que hacer, por supuesto, porque las maquinas Maytag rara vez necesitan reparación.

En cuanto a automóviles, el nicho del representante confiable es tan prominente que cuando las encuestas dan a conocer sus resultados sobre confiabilidad de los automóviles, los periódicos dedican a dichos resultados largos artículos y posiciones muy visibles. La encuesta clasifica cientos de defectos en los automóviles, y se considera el indicador más confiable en cuanto a la calidad de los automóviles. Toyota siempre sale bien en estas encuestas, año tras año, y ocupa el nicho del representante confiable en el segmento del mercado automotor de rango medio y mercado masivo. Gracias a esta reputación, Toyota disfruta de un inmenso atractivo y unas ventas anuales excelentes.

Una y otra vez, los clientes en potencia eligen al representante confiable: el que se presenta y se desempeña bien, pero nunca en forma espectacular, día tras día.

Sobre todo, las personas eligen lo confiable.

Lo ordinario en acción

Un supervisor de gerencia con mucho éxito en una firma de consultoría muy prominente, descubrió después de años de observación lo que él consideró como las cinco claves del éxito para un consultor. Tan extraño como parezca, las dos primeras fueron: "Sea puntual" y "Asegúrese de tener todo lo necesario para la reunión".

Al preguntarle cómo podían esas dos cosas marcar la diferencia, contestó: "Porque otros consultores fallan en estos aspectos todos los días". Citó un ejemplo reciente y, de nuevo, estas situaciones sucedieron realmente. Un consultor de un competidor se presentó a tiempo a la reunión y tenía todo lo que necesitaba, excepto una cosa.

Olvidó su bolígrafo.

Nada grave, decidió, y pidió uno prestado. Tres meses después, sus antiguos clientes todavía cuentan el cuento con una mezcla de asombro y diversión.

Así como los grandes servicios, también el suyo es servicio individual. Usted sale de la universidad convencido de que al cultivar sus aptitudes obtendrá el éxito. Esto puede ser posible. Pero la historia de los negocios está llena de cuentos sobre aquéllos que se erigieron como los mejores pero no pudieron mantener ese nivel constantemente.

Dedíquele tiempo a lo grande, pero *cultive* lo pequeño. Las personas miran lo pequeño como la evidencia de su habilidad para hacer lo grande, y cualquier otra cosa.

Sobre todo, desempéñese de manera constante y confiable. El 90 por ciento del éxito, es presentarse, *de verdad.*

Póngales el punto a las ies. No todos lo hacen.

Jekyll, no Hyde: ser predecible

Algunas veces usted paga magníficamente por valiosos consejos. Otras veces, si tiene suerte, puede robarlos en un avión.

El viajero sentado en la ventana de un vuelo de United Airlines, oye una voz con autoridad poco usual. Atraído por eso, el viajero escucha a escondidas.

La voz pertenece a un hombre que le dice a una mujer que él se especializa en ayudarles a las compañías a comunicarse con sus empleados. Se nota por sus comentarios que es un estudioso fanático y metódico de las relaciones humanas. Por las preguntas que la mujer le hace, usted sabe que ella también ha estudiado activamente las relaciones humanas.

Ella le pregunta: "¿En su trabajo cuál considera que es *la* clave para las relaciones con éxito?"

Su respuesta sorprende al que escucha a escondidas. Con seguridad no está en lo cierto, a pesar de que su bagaje y convicción sugieren que sí lo está.

"Ser predecible", contesta. "Nos sentimos más cómodos con las personas cuyo comportamiento podemos predecir".

Piense en esta respuesta por algunos segundos y tendrá sentido. Él no quiere decir predecible como "repetitivo, sin variedad, aburrido". Él quiere decir que las personas se sienten más a gusto con quienes se comportan de manera coherente, y en ese sentido, predecible.

Se puede ver nuestro miedo a lo contrario, como muchos miedos humanos, en la famosa historia *Dr. Jekyll y Mr. Hide.* Doctor en un momento y monstruo al siguiente, Jekyll/Hide encarna el modelo clásico y extremo de lo que la gente teme: lo impredecible.

Usted ya ha tenido tensas relaciones con personas con personalidades adictivas. Una persona adicta lo hace sentir incómodo. Pero usted no se siente incómodo con lo que es cuando está en su peor momento o con lo que es cuando pasa por su mejor momento. Sin embargo, se aparta de ella porque nunca puede estar seguro de cómo estará en el momento siguiente.

Es impredecible, eso lo hace sentir incómodo. La comodidad es crítica en una relación exitosa.

El adicto representa sólo el ejemplo extremo de una persona que no nos hace sentir a gusto. Las personas que responden a una llamada en forma inmediata un día, y a la siguiente tres días después, es otro ejemplo.

También lo es el comerciante que anuncia que abre a las 9:00 a.m. y unos días abre a las 10:00 a.m. Al no tener certeza de cuándo abrirá, usted comenzará a ir a otra parte.

¿Es usted predecible?

Sea coherente: horarios, hábitos, comportamientos.

Busque a los conductores de buldózer

El currículum vitae de un joven arquitecto prometía que iba a ser una estrella.

Sus profesores hablaban entusiasmadamente de sus aptitudes. En un momento en que la industria pasaba por una recesión, siete firmas lo citaron para entrevistas.

Él eligió una y comenzó a ascender. El ascenso duró tan sólo unos pocos meses.

Nadie le contó sobre los conductores de buldózer.

Se conoce la importancia de los conductores de buldózer cuando se escucha a Bill Coore, una creciente leyenda como arquitecto de canchas de golf. Cuando se le pregunta sobre cómo prosperar en este campo, él contesta: "Llegue a conocer a los conductores de buldózer. Gáneselos, obtenga su confianza y convénzalos de su visión; de esta forma el trabajo, de repente, se vuelve mucho más fácil".

En la firma del joven arquitecto, la cual diseñaba grandes edificios de oficinas, los "conductores de buldózer" eran conocidos como el "equipo de apoyo", un término que parece equiparar personas con bastones.

El término "equipo de apoyo" indujo a error al joven. Él supuso que estos bastones estaban allí para él y con sobrada razón, pensó, debido a sus logros y futuro aparente.

Y después no estaban allí para apoyarlo. La razón no es difícil de descifrar. Él pensó que eran bastones. Ellos pensaban que él lo pensaba.

Ellos ganaron. El joven arquitecto era imposible, desorganizado, descortés, temperamental, dijeron a sus compañeros. La lista continuaba, algunos puntos eran verdad y algunos eran distorsiones inevitables que ocurren cuando las relaciones se dañan.

En la firma, las secretarias manejaban los buldózeres. Eran valiosas en el día a día e indispensables en ocasiones cuando, por ejemplo, el arquitecto se daba cuenta de que el plano que debía entregar el viernes, realmente debía entregarse en tres horas. ¿Cómo hacer llegar el plano al cliente?

Usted sólo lo puede hacer si un conductor de buldózer está dispuesto a no almorzar para ayudarlo.

Usted está rodeado de conductores de buldózer en todas partes, con disfraces que tal vez hagan que no los vea. La persona que usted conoce en un avión, por ejemplo. Él conduce buldózeres para un cliente en potencia, pero los jefes lo oyen. Dé una buena impresión y pronto podría estar haciendo una visita de ventas.

Hay una vieja frase, usada en diferentes contextos, que proporciona un excelente consejo. "Usted necesita toda la ayuda que pueda obtener". Todos necesitamos toda la ayuda posible.

Busque a los conductores de buldózer.

El poder del sacrificio

El estudio de las relaciones humanas muestra algo que une a las personas: los sacrificios.

En las relaciones fallidas, una de las partes y frecuentemente las dos, sienten que están dando más de lo que reciben. En las relaciones con éxito, los sacrificios se sienten iguales, y con frecuencia lo son.

La primera razón para sacrificarse es por el bien de la relación. Sus sacrificios crean lazos, y éstos son la clave para una vida satisfactoria.

Pero fácilmente subestimamos la segunda razón de los sacrificios, especialmente si tememos que el dar a otros nos quita a nosotros. Los sacrificios toman tiempo y, con frecuencia, dinero; nos preocupa que el tiempo y el dinero se pierdan para siempre.

Pero cuando damos, los expertos ven algo diferente. El dar beneficia al receptor, por supuesto. Sin embargo, los psicólogos, de forma constante, afirman que el acto de dar refuerza la satisfacción de quien lo hace, y por largos períodos después del regalo.

Dé por su propio bien. Dé porque le ayuda, y no sólo porque a la larga le vayan a retornar el favor. Dar beneficia de forma *inmediata*.

Ayudar le ayuda.

Pelucas voladoras, serpientes y demonios:

ACTITUDES Y CREENCIAS

Las creencias funcionan

Las creencias lo cambian todo. Hasta un punto sorprendente, uno es lo que cree, y los demás lo perciben de esa forma también.

Por ejemplo, usted tiende a sentir lo que cree que va a sentir. Esto se aprende en marketing cuando se le pide a alguien que pruebe una marca X, una marca que conoce y le gusta, y nuestra propia marca. La persona decide que le gusta la nuestra, pero que le gusta la otra mucho más. No puede describir nuestro producto, pero puede describir el otro con algunos detalles, en su mayoría halagadores.

El problema, como lo habrá adivinado, es que la marca X y nuestro producto son el mismo pero en recipientes diferentes.

Si pensamos que algo nos va a gustar, así será, y podremos decir porque lo preferimos, *incluidos productos que son absolutamente idénticos.*

Todos hemos oído del efecto de los placebos, que es lo que funciona aquí. Pero lo que la mayoría de nosotros no nota es que el efecto placebo no es, en muchos casos, un ejemplo de pensamiento confuso. Los placebos funcionan, los escáneres de cerebro muestran rutinariamente que las personas que toman placebos para mitigar un dolor, en realidad, sienten menos dolor. Éste desaparece. No es sólo imaginación.

Entonces usted es lo que los otros creen que es. Y, en gran parte, usted es para ellos lo que usted cree ser. Siempre hemos encontrado que los mejores vendedores no son los que exhiben una gran confianza en el servicio que venden. Son aquéllos que genuinamente creen, visceral y absolutamente, que su producto es superior. Creer en usted mismo inspirará confianza en los demás.

Las creencias funcionan.

Haga lo que ama

El axioma dice que si usted hace lo que ama, el dinero llegará después. ¿Pero es cierto?

No. El dinero a veces llega, y a veces no.

Pero axioma o no, no importa.

Haga lo que ama de todas formas.

Hacer lo que ama funciona.

Primero, el dinero puede llegar y satisfacerlo realmente. Dado que necesitamos dinero y disfrutamos cuando tenemos un poco más, esto puede pasar.

Por una parte, puede ser que el dinero llegue pero lo satisfaga menos de lo que esperaba. Eso sucede con frecuencia.

Por otra, el dinero llega pero sólo le proporciona un placer temporal. Éste es el resultado más común, por una razón que puede ser inherente a los seres humanos. Abrahan Maslow observó una vez que, tal vez únicos entre todos los animales, los humanos son capaces de sentir satisfacción exclusivamente temporal. Una vez que algo nos satisface, continuamos con nuestro próximo deseo insatisfecho.

La satisfacción, como se aprende al estudiarla en los clientes de los negocios, dura sólo unos momentos. Estar satisfechos nos hace querer más.

Como última posibilidad, puede pasar que el dinero no llegue, lo cual lo puede desilusionar.

Pero ninguno de estos resultados importa tanto como un resultado garantizado. *Usted habrá amado lo que ha estado haciendo.* Esto le dará una satisfacción tan profunda que el resultado tendrá que llamarse éxito o será reconocido como algo aun más enriquecedor.

Haga lo que ama, y el placer de hacerlo será el resultado.

Pero he oído esto antes

Suponemos que si hemos oído algo, lo sabemos, y si lo sabemos actuamos en concordancia.

Pero las personas repiten constantemente los consejos porque ninguno de nosotros les hace caso.

Esto es un fenómeno: es una forma de pensamiento mágico. Creemos que cuando oímos algo, lo aprendemos, y que una vez aprendido actuamos en consecuencia.

No lo hacemos.

Se encuentra un paralelo con esto en por lo menos tres de cada cuatro compañías. Todas tienen un plan. Debido a esto, creen que lo están ejecutando.

Pero saber no es hacer. Y saber y pensar nunca es suficiente.

Así que si usted cree que lo ha oído antes, así es. Pero pregúntese y luego respóndase con honestidad brutal:

¿Estoy actuando de acuerdo
con ese conocimiento?

Tres pasos adelante

Durante años, las sobrecubiertas de los libros le han estado gritado. Le han prometido que el contenido del libro transformará su vida de forma impresionante, de repente y con poco esfuerzo.

Si usted duda de estas afirmaciones, como sospechamos, usted ha llegado al libro adecuado.

Porque como se ve en toda autobiografía, hasta las vidas más llenas de éxito sufren retrocesos. Un día, usted aprende una lección liberadora que le quitara el dolor por sus errores.

Los grandes avances suceden después de los grandes retrocesos.

O dicho de otra forma, sus errores son regalos, si usted está dispuesto a abrirlos y mirar dentro.

Solamente persista.

Nuestro malentendido

Los libros de ventas a menudo están llenos de inspiración, hasta un grado que ahuyenta a muchos lectores.

La gente supone que esto es así porque los vendedores requieren motivación constante. Nos imaginamos a nosotros mismos haciendo cincuenta llamadas "en frío" por día y que en veinticinco nos cuelgan el teléfono en segundos. Concluimos que sólo alguien realmente motivado puede aguantar esto más de un día.

Durante años, los vendedores que leen estos libros también suponen eso. Por fortuna para los múltiples autores, el gusto de los lectores por la motivación ha sido suficiente para que los autores puedan mantener a sus familias.

Pero los críticos, así como estos consumidores entusiastas, no se dan cuenta de algo. La inspiración y la motivación no son sólo lo que el vendedor necesita vender; son una gran parte de lo que la gente elige comprar.

Examine sus compras a lo largo de su vida, productos y servicios, y piense en las personas que se los vendieron.

¿Sabían los vendedores más de sus productos y servicios? ¿Eran capaces de detallar las razones por las cuales los suyos eran productos superiores? De hecho, ¿hasta qué punto ellos le vendieron a usted?

En retrospectiva, y quizás con algunas excepciones, ¿no le compró usted a la gente que le gustó y no dejó de comprarle a quien no le gustaba?

¿Y qué fue lo que le gustó? ¿Su dominio, su inteligencia, su capacidad de persuadir? ¿Compró usted lo que tenían en la cabeza?

Una y otra vez, usted compró sus corazones y sus almas. Usted los compró a ellos y a su espíritu: su entusiasmo y calidez. Sin darse cuenta, usted compró su amor por la vida y su amor hacia las personas. Usted les compró a ellos porque disfrutó de su compañía. Volvió por la misma razón. Y todavía lo hace.

¿Qué le indica esto sobre la motivación y la inspiración? No es lo que necesita para levantarse cada mañana y hacer esas llamadas, o para mantener su negocio andando cuando la situación está mala. En gran medida, *es lo que usted está vendiendo.*

Si usted se vende a usted mismo,
está vendiendo su espíritu.

¿La vida es lo que usted hace de ella?

El sentimiento de que la vida es lo que usted hace de ella supone que usted controla casi todo. Pero no es así. Usted no puede controlar a un mal jefe, a un conductor gritón en el carril de al lado o la lluvia que destruye las cosechas.

Usted no puede controlar su vida, pero puede controlar sus reacciones. Para hacer un paralelo, el secreto de un perfecto tiro de golf no es apretar más el palo. En forma intuitiva, Perlad McCulagh, uno de los instructores de golf más reconocidos en los Estados Unidos, dice a sus pupilos que "tomen el palo como si fuera un pichón". Una pelota de golf va más lejos cuando la suelta.

(Claro que usted *no puede* soltarla, pero eso es para otro libro.)

Si usted insiste en tratar de controlar las cosas que no puede, seguirá apretando hasta que algo se rompa. Concéntrese en algo que pueda controlar y su vida cambiará, literalmente, de un día para otro.

La vida no es lo que usted hace de ella.
Es como usted la toma.

Incomódese

Un atleta aprende que "uno necesita quemarse para crecer".

El filósofo Federico Nietzsche aprendió una lección similar la cual expresaba en un lenguaje diferente. "Lo que no me destruye me hace más fuerte".

Otros han observado la sabiduría de estos pensamientos y la han traducido como: "Una crisis es una oportunidad", o algo parecido, "Una caída es un éxito, pero sus detalles todavía no han sido revelados".

Por donde quiera que mire, el dolor es el camino del placer y la incomodidad es la vía hacia algo mejor.

Incomódese. Haga la llamada "en frío" que no quiere hacer, confronte al empleado al cual le teme.

Al buscar la comodidad usted retrocederá, y nunca logrará lo que espera.

La primera regla: incomódese..

Pero ya estoy incómodo

Bien.

¿Qué nos trae la comodidad?

Hay una idea relacionada en el mundo de las ideas y de la innovación. Siempre decimos que si una idea no nos hace sentir por lo menos un poco incómodos, no es una idea.

Nosotros, los escritores sobre negocios somos culpables de jugar con esta noción. Escribimos libros que tienden a reafirmar lo que usted ya sabe y lo que usted cree que practica. Nuestros libros parecen palmadas en la espalda, dicen "Bien hecho", nos brindan comodidad en la cabeza.

A usted le gusta eso. A nosotros también; nos encanta oír que hemos estado en lo correcto todo el tiempo. *Pero.*

Tendemos a divulgar una sabiduría convencional y nos hace sentir bien, por un tiempo. Pero es fácil darse cuenta de que la sabiduría convencional produce resultados convencionales, y queremos más. Para llegar más lejos hay que tomar un camino algo diferente. Necesitamos estirarnos, un poco al principio, luego un poco más.

Un poco de incomodidad es algo bueno. Mucha, por lo general, es aun mejor.

Siga adelante.

¿No se trata de que sea fácil?

Siete pasos fáciles para llegar a la libertad económica.

Siete días fáciles para lograr muslos delgados.

Siete movimientos fáciles para mejorar su puntaje en el golf.

La razón por la que vemos esto es porque no tenemos la libertad, los muslos más delgados, ni puntajes de golf más bajos. No los tenemos porque los pasos fáciles no funcionan. Nos llevan sólo al siguiente paso y al siguiente.

Mejor dicho, lo hacen hasta que usted observa que tal vez los pasos difíciles funcionan mejor. Pensamos en la joya de M. Scott Peck en *El camino menos frecuentado*: que una señal fundamental de salud mental es darse cuenta de que la vida es dura.

Usted puede tratar de vivir de acuerdo con el credo contrario, y aspirar no sólo a una vida simple, sino a una vida en la cual todo llega sin esfuerzo y fácilmente. Pero nada que valga la pena llega fácil.

Los esfuerzos a medias no producen resultados a medias. No producen ningún resultado. El único camino para lograr resultados importantes es trabajar: trabajar duro, trabajar continuamente.

Empuje. Si duele, mejor.

Una vez más

Si nada cambia, nada cambia.

Cualquier buen consejo que usted encuentre en este libro debería hacer algo más que hacerlo asentir con la cabeza. Lo debería alentar a hacer algo diferente hoy, y al día siguiente y al siguiente.

Elija algo de lo recomendado aquí: cualquier cosa. Luego, hágala.

Si algo cambia, algo cambiará en su vida.

Elija los puntos, no las líneas

La historia de los computadores cambió en una clase de arte.

En un discurso ampliamente difundido a los estudiantes de Stanford en la primavera de 2005, el presidente de Apple, Steve Jobs, habló sobre "unir los puntos". Explicó esto al recordar un año durante el cual estudió en Reed College en Portland. Después de llegar allí, durante meses se dio cuenta de las docenas de hermosos afiches que promovían de todo: seminarios, recitales, obras.

Le dio curiosidad.

Pronto comprendió por qué había tantos afiches bellos. Uno de los calígrafos más importantes del mundo, Lloyd Reynolds, enseñaba en Reed e influyó sobre una generación entera de calígrafos. Más allá de la curiosidad y ahora cautivado, Jobs se inscribió en una clase de caligrafía.

Han pasado más de 20 años. Vemos la influencia de Lloyd Reynolds y esa clase en cualquier aspecto relacionado con los computadores, con su énfasis en una tipografía excelente y sus matices: la graduación del espacio entre las letras, el interlineado, las serifas. Lo vimos en el primer procesador de palabras de Apple, pero ahora lo vemos por doquier (excepto, por supuesto, en los memorandos que recibimos de los pocos que se resisten y todavía configuran todo en el tipo de letra predeterminado, Helvética.)

Jobs decidió tomar una clase de arte y el computador cambió gracias a ello. Él nunca hubiera podido ver esa conexión. Simplemente sucedió.

No sabía a dónde lo conduciría esa clase, pero no preguntó: "¿Para qué me sirve?" En cambio, siguió su curiosidad y su pasión; escogió el punto.

A menudo usted no puede ver las líneas, pero no puede perderse los puntos. Sus puntos, como los de Steve Jobs, son sus intereses, incluso sus pasiones. Sígalos y algún día formarán una línea que lo conectará con algo maravilloso.

Elija los puntos.

El problema del dinero (aparte de no tener suficiente)

Hace treinta años, un amigo estudió cuáles industrias podrían llegar a tener éxito y se decidió por la que sería el trabajo de su vida. Quería ganar mucho dinero, y en la empresa que eligió parecía que lo habría por montones.

Sólo había un problema. Está claro, y se ha demostrado, que ninguna cantidad de dinero es suficiente.

Newsweek lo sugirió en un artículo fascinante en 1994. Un equipo de periodistas quiso hacer el descubrimiento: ¿Quién en los Estados Unidos se siente verdaderamente rico? y ¿Cuánto dinero lo hace rico a uno?

La primera persona que entrevistaron ganaba 40.000 dólares anuales. ¿Era rico? Dijo que no. ¿Con cuánto más sería rico? Con el doble, respondió. Sería rico si ganara 80.000 dólares anuales.

Pensando que la cifra de 80.000 dólares podría ser un indicador de riqueza para mucha gente, los periodistas encontraron a una mujer que ganaba exactamente eso. ¿Era ella rica? Dijo que no. ¿Cuánto necesitaba para ganarse el calificativo?

De nuevo, la misma respuesta: el doble.

Entonces encontraron a alguien que ganaba exactamente el doble, 160.000 dólares anuales. Le hicieron las mismas preguntas y recibieron las mismas respuestas. "No" y "el doble de lo que gano".

Continuaron así hasta que terminaron con una persona que ganaba 650.000 dólares anuales y quien, como lo habrán adivinado, tampoco se sentía rica.

Usted agarra el anillo de cobre y se da cuenta de que es sólo cobre. Usted quiere más. Usted lo alcanza y se da cuenta de que es menos de lo que esperaba. Puede que al final aprenda a dejar de desear.

¿Por qué esperar hasta ese entonces? ¿Por qué sufrir lo que le pasó a este amigo? En un momento, su negocio valía 13 millones de dólares según él. Se veía enonces más infeliz. No sólo sentía que los 13 millones estaban muy por debajo de lo que esperaba, sino que ahora tenía más que perder. Ahora se sentía insatisfecho con lo que tenía y aterrorizado de perderlo.

Esta historia se vuelve peor. Lo perdió. Era una industria buena, pero él no aprovechó las circunstancias.

*Cualquiera que sea la respuesta para usted,
no es el dinero.*

Despedir, ser despedido y otros eventos felices

Una vez un amigo eligió su carrera basándose en un artículo de *USA Today*. (Esto ya suena bastante tonto, ¿o no?)

El artículo estaba entre los cientos que aparecen con el título: "Las 10 mejores carreras de la década", o algo parecido. Al tomar esta decisión, se parecía a las personas que eligen la carrera de derecho porque suena prestigiosa, publicidad porque suena elegante, o una firma en Silicon Valley porque sus oficinas "parecen tan divertidas".

Un patrón emerge en estos y casos parecidos. La realidad se impone. Usted se da cuenta de que el trabajo, la compañía, el título o tal vez todo lo anterior son menos de lo que parecen ser. Su desempeño, que nunca fue excepcional debido a que el trabajo no era para usted, decae.

Una tarde, su teléfono suena: "¿Puede venir a mi oficina, por favor?"

Despedido, lo dejaron ir, reducción de personal.

Éste es uno de los momentos amargos de la vida, o así lo parece. Pero mientras usted sufre el aparente insulto de ser despedido, se da cuenta de que le han quitado un peso de encima. Se da cuenta de que se aleja de donde no le conviene y que se dirige hacia lo que sí lo hace.

Un día, tal vez muchas veces, usted tendrá que decir: "Por favor, venga a mi oficina". Sólo los sádicos y masoquistas disfrutan ese momento y pocos de ellos leen esta clase de libros. De modo que usted se sentirá mal y sentirá que eso es natural.

No importa. *Hágalo de todas formas.* Nadie se beneficia cuando las personas están en el lugar equivocado. No están haciendo lo que saben hacer bien y siempre se sentirán vacías.

Así que no sienta que usted hace esto por la dolorosa necesidad que le dice: "David debe irse". Es la mejor peor cosa que le puede pasar a él.

Lo que parece ser un empellón por la puerta trasera es realmente un buen empujón hacia el camino, tres pasos adelante.

Está bien. El resultado puede ser maravilloso.

Un libro clásico de gerencia

Hace once años un columnista entrevistó a veinte hombres y mujeres cultos y exitosos con el fin de que le recomendaran los mejores libros de gerencia que habían leído.

Una de estas personas manejaba una librería con una selecta colección de libros de negocios. Todo lo del hombre irradiaba "ratón de biblioteca": sus gafas de búho, su frente alta y su tez pálida. Era obvio que había leído cientos de libros, quizás todos los libros de su colección.

Parecía la persona ideal para hacerle la entrevista.

El dueño comenzó confiadamente, citando "libros con pies de página", los libros serios llenos de documentación y estudios de caso. Mencionó cuatro. Luego paró.

"Pero mi favorito", dijo, "y el que creo es indispensable en los negocios, está aquí detrás".

Él y el entrevistador pasaron frente a los libros de filosofía e historia y llegaron a una pila pequeña de libros. El dueño se agachó y sacó del estante su elección.

El trencito que sí pudo.

El entrevistador soltó una risita. Estaba todavía convencido de que los procesos, los datos, los sistemas y las técnicas eran la clave del éxito en los negocios. Después aprendió que lo anterior tenía un lugar en los negocios, pero sólo un lugar.

Como lo tiene *El trencito que sí pudo*. "Piense que sí puede", es un buen consejo, aun si se ha vuelto tan común que suena ordinario.

Un gran comediante luchó contra circunstancias muy difíciles para que los norteamericanos lo aceptaran en un tiempo en que pocos afroamericanos lo eran. Luego le contó al mundo que sólo su creencia en sí mismo le permitió tener éxito. De hecho, Sammy Davis, Jr., vivió tan intensamente de acuerdo con esa creencia que cuando puso su vida en palabras, la resumió así:

Sí, yo puedo.

El dueño de la librería, el general Colin Powell, Sammy Davis, el autor de *El trencito que sí pudo* y el músico que escribió "Grandes esperanzas" sobre una hormiga que insistía en mover un árbol de caucho, todas estas persona nos ofrecen un consejo eterno.

Si usted ha tenido suerte, habrá podido disfrutar del beneficio que cada uno de nosotros atesora: la fe de nuestra madre. Suya era la voz que susurraba cuando la esperanza se había ido: cree. Es una voz que esperamos que usted oiga también, aunque sea la suya.

Crea.

El rey de la confianza

El estadio Hayward con frecuencia estaba lleno, pero este día estaba repleto.

Era el segundo día del decatlón de los Estados Unidos en el estadio Hayward de Eugene, Oregon. El ruido de la multitud siempre entusiasta de Eugene se oía mucho más aquella tarde.

Bruce Jenner estaba en camino de establecer un récord mundial.

Jenner todavía se estaba recuperando del primer evento del día, y el sexto de los diez que componen el decatlón, cuando se acercó a tres espectadores en el estadio. Uno de ellos no pudo resistirse a gritarle la pregunta que está en la cabeza de cualquier fanático:

"¿Bruce, cuáles son tus posibilidades de lograr el récord?"

Todavía hoy, esos tres jóvenes, ahora hombres, recuerdan el lugar donde Jenner estaba caminando y con una total convicción reflejada en el rostro, les contestó, también a gritos, casi al instante:

"¡Un ciento POR CIENTO!"

Si existe un 110% de cualquier cosa, como muchos locutores deportivos sugieren, Jenner transmitió esa confianza. Conocía el resultado y lo veía venir. Y luego, durante los próximos cuatro eventos, lo consiguió.

En los momentos en que la duda se siente al lado de la confianza en su cabeza, recuerde a Bruce. Él nos recuerda uno de nuestros grandes poderes:

Siempre vale la pena repetirse: crea.

El poder de Peter

Han pasado veinte años. Me acabo de reunir con un amigo de la infancia que está en Minneapolis en un viaje de negocios.

Nos estamos actualizando sobre lo que ha pasado en estos veinte años y, como todos los hermanos menores, él trajo a colación a su hermano mayor, Peter. Peter no sólo trabajaba en Nueva York, sino que vivía como si lo estuviera: bien. Era dueño de una casa cerca de los árboles de la estación del tren en Connecticut y tenía una lista de clientes que aparecían en las carátulas de *Fortune* y *Forbes*.

Por supuesto, cualquier hermano que logra más que nosotros es un fraude: eso es bien sabido. Así que la rivalidad entre hermanos explica el comentario de mi viejo amigo, cuando comenzó a hablar del éxito de Peter.

Recuerdo sus palabras precisas:

"¿Sabes por cuáles cosas nunca hubiera dado un peso cuando empecé el negocio?", dijo, "¿pero ahora resulta que vale millones?"

Mi reacción inmediata fueron las porcelanas de Lladró, por una parte y los *piercings* de lengua, por otra. Nada más me vino a la mente. Él mismo ofreció la respuesta.

"Confianza. Peter emana confianza".

No necesitaba decírmelo. No había visto a Peter desde mediados de la década de 1970, pero él tenía tanta seguridad que se convirtió en mi modelo de eso. Recuerdo la primera vez que le dije a un cajero: "Quédese con el cambio". Estaba tomando prestadas las palabras y tono que Peter había usado cuando, a los trece años, fue amable con un cajero en una feria del pueblo en el cual vivía.

"Peter cree, y sus clientes actúan como si no tuvieran otra opción que estar de acuerdo con él. No sólo es confiado; es certero".

Como otro atleta proclamó la víspera de un partido en el cual su equipo parecía tener todas las de perder; hay que creer. Todos los días usted ve ejemplos del principio de Colin Powell, supuestamente palabras de su propia inspiración:

La confianza es una fuerza multiplicadora.

Los clientes en potencia rara vez sienten certeza. La mayoría de los compradores tienen miedo y dudan, como el término "remordimiento de comprador" nos lo recuerda. ¿Cómo hacer para que los compradores no estén prevenidos?

No se puede. Su confianza les puede proporcionar bienestar y su falta de confianza puede hacer que sus miedos se intensifiquen.

Sí, "confiado" viene de confianza. La confianza en uno mismo puede engañar a la gente, lo cual muestra lo poderosa que es. Y por tanto, sí, es posible abusar de la confianza; no tenemos la necesidad de advertirle eso.

Pero cuídese del poder de su falta de confianza también. Si ya no puede proyectar confianza en lo que está ofreciendo, piense en cambiar lo que ofrece, cualquier cosa que sea.

Acuérdese de Peter.

Confianza y grandeza

Si un ser humano está expuesto a oír 10.000 palabras diarias— el número real puede ser mucho mayor— entonces alguien que oyó las palabras de Kenneth Clark ha leído u oído 80 billones de palabras desde que oyeron esto.

De todos los 80 billones de palabras, las de él permanecen.

Fue hace treinta y cinco años, en la decimotercera noche de un evento en televisión, el final de la serie *Civilización*. Durante doce semanas, empezando con "La piel de nuestros dientes" y finalizando con "El materialismo heroico", Clark había seguido los grandes logros artísticos de la civilización occidental. Con seguridad, Clark, en la cima de su poder y después de décadas de estudio, había adquirido fuertes convicciones sobre qué es lo que hace que las personas y sus culturas se desarrollen.

Curiosamente, Clark dijo que lo había asombrado una fuerza que muchas personas consideran débil. Con certeza *ésa* no podía ser la respuesta, insistían. De todas formas, otra vez se oían las palabras de Clark, repitiendo las palabras de otros historiadores que han examinado durante años el comportamiento humano.

"Este programa está lleno de grandes obras de genios. No se pueden hacer a un lado", decía. "Con seguridad esto tiene que darnos confianza en nosotros mismos".

"Como dije al comienzo, es la falta de confianza, más que nada, la que mata una civilización. El cinismo y la desilusión nos destruyen tan efectivamente como las bombas".

La confianza, insistía Clark, nutre la vida misma.

Creer es importante; sus creencias son válidas. Si reconocemos que el señor Clark tiene que haber aprendido en sus décadas de estudio, tal vez debamos decidir que la confianza importa más de lo que hubiéramos pensado.

Recuerde a Kenneth Clark.

Entre

Usted crece en los negocios cuando crece en la vida. Los negocios y el crecimiento personal provienen de la misma fuente, y el éxito a largo plazo viene del crecimiento a largo plazo.

Es un infierno ahí dentro, lo admitimos. Serpientes, demonios; espere — entre *usted* mismo. Nosotros nos quedamos aquí.

Está bien, vamos a ensayar. Usted debería hacerlo también.

Entre.

La risa

La vida nos da una buena razón para reírnos cada vez que podemos:

Después de todo nadie sale de aquí vivo.

Existe un término para aquéllos que viven en forma vital, con pasión y humor: es el entusiasmo. Cautiva a los demás.

También los italianos confieren importancia especial a las personas que no tienen en cuenta el peso de las vicisitudes de la vida y tratan de vivir de una manera más liviana. Llaman a esta cualidad *sprezzatura*, que imperfectamente traducida quiere decir sin trascendencia. En su famoso libro de autoayuda del Renacimiento, *El Cortesano*, Castiglione afirmó que la *sprezzatura* es la característica de las personas que tienen éxito; en su caso, la persona capaz de ganarse el favor de los miembros de la corte real.

Sin embargo son pocas las mujeres a quienes no preocupa su calvicie. El primer reflejo en el espejo no les brinda un sentimiento de *sprezzatura*. Sansón se sintió debilitado por la pérdida de su cabello, pero Dalila sin el suyo se hubiera sentido desnuda.

Sintiéndose ligeramente desnuda una tarde de abril de 1995, esta madre calva tomó un avión con su esposo y sus hijos a Scottsdale, Arizona. Afortunadamente, en la ciudad se estaba llevando a cabo un campeonato de golf llamado

Tradición. "Salir al sol y ver a mis golfistas favoritos era la recompensa perfecta por cuatro meses de quimioterapia y mi visión diaria frente al espejo.

El primer día del evento fue luminoso, seco, cálido y con viento. Los cuatro caminamos por el campo de golf al tercer hoyo y tomamos un lugar al lado derecho.

Unos minutos después, tres de mis golfistas favoritos llegaron al hoyo.

En el momento en que llegaron, llegó también una gran ráfaga de viento, justo por detrás de nosotros. Mi sombrero voló, lo cual podía soportar. Infortunadamente se llevó también mi peluca y ésta comenzó a dar tumbos frente al hoyo, a pocos metros de los golfistas.

Los campos de golf son en extremo silenciosos, por supuesto, pero el golf nunca había conocido un silencio tan completo. Más de mil personas quedaron mudos y con los ojos abiertos. El término ´mortificada´ es perfecto. Con el *rigor mortis* un cuerpo se pone duro, y el mío lo estaba.

Los cuerpos de los miembros del campo también lo estaban. Como testigos de un choque de automóviles, todos tenían la boca abierta pero nadie se movía.

Respiré profundamente y mi cuerpo se relajó lo suficiente. Me escurrí bajo las cuerdas y corrí en diagonal hacia el frente del hoyo y en busca de mi cabello. Cuando llegué, me agaché, recogí mi sombrero y mi peluca, y me di vuelta hacia los golfistas.

'Caballeros, el viento definitivamente está soplando de derecha a izquierda'; espeté de alguna forma.

La risa, me dijeron después, se podía oír hasta la casa del club, casi 400 metros más lejos".

Es bueno recordar que la vida continúa. Los tiempos difíciles vienen pero también se van y sólo el humor hace que los picos sean más hermosos o los valles más llevaderos.

Quienes se ríen perduran.

Compararse con los demás

Una pérdida de tiempo.

Cuando usted ve a alguien más, sólo ve la parte del iceberg que está sobre el agua. Por debajo, la persona con la cual se está comparando se parece a todos nosotros: falible, imperfecta, tal vez desesperadamente insatisfecha. Usted se está comparando con una persona de la que sólo conoce una parte: la que muestra al mundo.

Es más, usted no puede ser la otra persona.

Una noche en su programa de televisión, Johnny Carson entrevistó a Alex Karras. Karras había sobresalido en fútbol con los Leones de Detroit. Para entonces, había participado en películas y había establecido una presencia memorable en los escenarios: era ingenioso y daba la impresión de sentirse muy cómodo en frente de cualquier cámara. Como casi toda su audiencia esa noche, Carson estaba impresionado.

"¿Cómo hace Alex para parecer siempre tan tranquilo?"

Karras dijo que era fácil. "No me dejo impresionar. Las personas son sólo personas", dijo. "He estado en muchas duchas y he visto a mucha gente desnuda. Es difícil ver a alguien como a un dios después de haberlo visto desnudo en la ducha".

Concéntrese en lo positivo.
Cuando eso falle, piense en esos hombres
desnudos en la ducha.

Sea usted mismo
(no hay alternativa)

Lo hemos oído. Pero como con todas las frases familiares, entender su lógica nos alienta a seguir su consejo.

Sea usted mismo, pero por una simple razón: no tiene alternativa.

Usted no puede ser otra persona. Tan sólo puede pretender serlo. El problema de pretender, sin embargo, es que usted se encuentra con dos clases de personas en el mundo: las que ven más allá de las artimañas y las que no.

Quienes ven más allá luego se cuestionan el carácter y la integridad de la persona y se alejan de ella. Tal vez soporten a la persona pero nunca la aceptan, porque no pueden. Ésta no se ha presentado ante ellos como alguien auténtico que puedan aceptar; la verdadera persona, a la que podrían aceptar, está escondida detrás de un disfraz.

El segundo grupo, pequeño si no mínimo, cae en la artimaña. Hay una sencilla razón: son tontos, literalmente personas a las que se puede timar. Las personas que han sido engañadas una vez pueden seguir siéndolo en forma sistemática. Son caprichosas y de poco fiar, como aquéllas a quienes usted quiere evitar.

Sea usted mismo. Es más fácil de recordar
y funciona impresionantemente mejor.

Sexo (al fin) y otras cuestiones importantes:

TÁCTICAS Y HÁBITOS

El poder de lo diminuto

Suponemos que las personas son racionales.

Es lo que lleva a muchos escritores jóvenes a crear avisos que enumeran todas las características y beneficios de un producto, y luego invitan a los lectores a "sólo comparar".

Nos sentimos obligados a presentar casos racionales porque creemos que las personas operan de manera racional. Pero, ¿son las personas verdaderamente racionales?

Hacia el año 1989, Brian, un joven publicista, había completado una inmersión intensiva de cinco años en el mundo de la cardiología, específicamente en el área de los marcapasos y defibriladores. Conocía el síndrome sinusal, podía leer un ECG y conocía todo el rango de problemas y soluciones desde los marcapasos de una sola cámara hasta los más avanzados. Había ganado premios importantes por sus campañas.

Aparte de eso, Brian tenía una historia única en su industria: como antiguo abogado de lesiones personales e hijo de una familia de enfermeras y médicos, había estado rodeado por la medicina y su lenguaje durante toda la vida.

Un día de octubre recibió una llamada de Craig, un conocido que estaba trabajando como director encargado del departamento de marketing de una compañía local de aparatos cardíacos. Craig se preguntaba si el joven publicista podría ayudarlo.

La reacción inmediata de Brian fue: "¡Con seguridad!" Él había trabajado con Medtronic, Eli Lilly y Boston Scientific. Había ganado premios y dominaba el lenguaje. Además, conocía a Craig, que parecía pensar muy bien de él.

Usted ya habrá adivinado el final. Brian no pasó de su primera carta a Craig. La pregunta obvia es por qué, y la respuesta estaba en la carta.

En su carta, Brian había resumido su biografía. Parecía demasiado buena para ser verdad. Lleno de confianza, mandó el paquete a su futuro cliente.

Luego esperó.

Después de tres días, llamó a Craig. Con la certeza de que había quedado impresionado, Brian le preguntó si había recibido el paquete. Sí. Y mientras se preparaba para recibir la respuesta, una mezcla de asombro y alabanza, Brian le preguntó a Craig qué había pensado.

Sus primeras palabras: "Había un error tipográfico en el antepenúltimo renglón".

Eso fue todo. Eso y la noticia de que estaban pensando en otros candidatos.

¿Cómo pudo Craig rechazar racionalmente al candidato más calificado en miles de kilómetros a la redonda y tal vez más? Porque no somos completamente racionales. Si lo fuéramos, la mayoría de quienes tienen tarjetas de crédito American Express se habrían cambiado a Visa. El argumento racional para usar Visa es apabullante, pero todavía no estamos apabullados porque el argumento de que American Express significa "prestigio" gana millones de clientes.

Esto nos recuerda que *no somos perfectamente racionales.*

Pero lo más importante que nos recuerda es el poder de los detalles. Con tantas opciones, los clientes en potencia no pueden elegir fácilmente.

Lo que nos lleva a una regla fundamental de los negocios modernos: *mientras más parecidas sean dos opciones, más importantes son las diferencias.* La gente necesita justificar sus decisiones. También tendemos a concluir con muy poca información, como se ve en los estereotipos. Los detalles más pequeños cuentan; de hecho, hoy importan más que nunca.

No son racionales, pero no importa.

Las personas no son racionales.
Eligen lo diminuto en vez de lo enorme;
así que ponga atención a lo diminuto.

Su deuda más grande

Ella lo ha buscado. Ella es su cliente.

Ella le ha pagado sus vacaciones, sus CD favoritos y tal vez mucho más.

Ella ha tolerado sus errores (más de lo que usted cree).

Ella ha arriesgado su dinero, su reputación, su tranquilidad y tal vez su prestigio en el trabajo. Puede que incluso haya arriesgado su negocio entero.

Ella ha sonreído en los peores momentos, ha reído en los mejores, y lo ha recomendado a otras personas.

Y ahora usted se pregunta ¿debo llamarla?

¿Debo sentirme en deuda?

¿Debo expresarle este sentimiento? Y de ser así, ¿con qué frecuencia?

Es imposible ser demasiado agradecido o apreciativo.

Después de todo por lo que ella ha pasado, usted no puede agradecerle lo suficiente. Y pocos de nosotros lo hacemos en forma suficiente.

Usted oye: "No puedo agradecerle lo suficiente". Una vez más, captura una verdad básica: usted no puede agradecerles lo suficiente.

> *¿Cuántas notas de agradecimiento mandó*
> *el año pasado?*
> *Este año, envíe el doble.*

Dé las gracias de forma inolvidable

Durante la década pasada, la lealtad de los clientes se convirtió en una expresión que se oye mucho, pero aun así no vemos mucha evidencia de ello.

Las personas no sienten lealtad hacia las compañías. Son leales con las personas.

Si usted espera una lealtad especial, debe agradecer en forma especial.

CCB: El 19 de diciembre de 1994, el teléfono sonó. Reconocí la voz y en instantes sentí una puñalada en el pecho. Era la voz de mi médico.

"Cáncer".

Luego tres palabras que sonaron peor. "Debemos operar inmediatamente".

Lo hicieron en la víspera de año nuevo. Afortunadamente, el médico pensó que la operación se había hecho a tiempo; el pronóstico se veía bien. Cuando volví a casa, tres días después, entré a la cocina y tuve una visión memorable: una pila de correo de más de cuatro centímetros de altura.

Mientras husmeaba entre la correspondencia, dos cartas llamaron mi atención de inmediato.

La primera provenía de una gran cadena de hoteles. Tenía suerte, decía la carta, sin saber la ironía. Había obtenido un estatus especial en su programa de visitantes frecuentes.

Como otros beneficiarios de esos programas que premian la lealtad de los clientes, yo apreciaba estos premios, aunque fueran exiguos. Cualquier pequeño beneficio ayuda a suavizar los altibajos de la vida.

Al mirar mis vendajes y al darme cuenta de que no viajaría mucho en 1995, contesté la carta. "¿Es posible diferir este beneficio hasta que esté en posibilidades de volver al trabajo en 1996?"

Tres semanas después, recibí una carta.

> Recibimos su solicitud de extender sus beneficios de visitante frecuente. Lamentamos mucho lo que le ha ocurrido, somos conscientes de que esas cosas pasan, pero no estamos en capacidad de diferir sus beneficios.
>
> Esperamos verla pronto.

Sin embargo, la cadena hotelera no fue la única en recibir mi solicitud de diferir mis beneficios por un año. Mandé una carta igual, la misma semana, a mi aerolínea, Northwest Airlines. Su respuesta llegó cuatro semanas después, en una carta escrita a mano:

> ¿Cómo le podemos agradecer por ser una de nuestras mejores clientas?
>
> Tendremos mucho gusto en diferir sus beneficios por un año. Nos complace, también, adjuntarle cuatro pasajes para que usted y su familia se

alejen del frío invierno de Minnesota y usted pueda descansar de su tratamiento.

Gracias, Christine, por preferirnos. La extrañaremos este año.

Sinceramente,
John Dasburg.
Presidente

El señor Dasburg no me conocía. Sabía que como residente en una ciudad dominada por su aerolínea, cerca del 70 por ciento de las puertas del aeropuerto eran de Northwest Airlines, y con frecuencia yo no tenía más opción que usar sus servicios. Aparentemente, eso no le importaba. Me premió de todas formas.

Yo lo he premiado todos los días desde entonces. ¿Alguna vez viajaré en otra aerolínea? Sólo si Northwest no tiene vuelos a ese destino.

¿Contaré esta historia en repetidas ocasiones por el resto de mi vida? Con pasión y aprecio.

John Dasburg me agradeció de forma inolvidable. Ahora y antes, su aerolínea ha cosechado la recompensa de su lealtad. Se han ganado la mía e impresionado a otros a través de mi historia.

La cadena hotelera no ha salido bien librada. Omití aquí su nombre, pero siempre la menciono cuando alguien pregunta por alguno de sus hoteles. Los evito. Supongo que no pueden ser expertos en acomodar a las personas, porque parecen incapaces de ser serviciales.

Una víctima de cáncer les hizo una solicitud modesta. Su respuesta me dijo esencialmente que ellos, como la vida, eran injustos.

La carta del hotel nos recuerda: hay que ser cuidadoso. Las malas acciones rara vez se quedan sin castigo, y el castigo con frecuencia excede al crimen. La cadena hotelera ha perdido docenas de clientes, y uno de sus miembros Platino, por una carta que no les trajo ninguna ganancia.

Y por supuesto, sea como John Dasburg, — y gracias, señor Dasburg, una y otra vez.

Dé las gracias de forma inolvidable.

Gracias

Tres de cada cuatro ejecutivos tienen en cuenta las notas de agradecimiento de los candidatos al tomar decisiones de contratar personal. Parece que la mayoría de las personas no se dan cuenta de esto. Sólo uno de tres candidatos cree que es adecuado mandar una nota de agradecimiento.

Esto recuerda de nuevo la conveniencia de hacerlo. Parece que dos de cada tres personas no lo cree así.

Dé las gracias. Usted no será el único,
pero podrá sobresalir.

El valor egoísta de agradecer

¿Recuerda la última vez que le dio las gracias a alguien?

¿Cómo se sintió entonces y durante los momentos siguientes?

Contento. Se sintió así porque experimentó gratitud. Era la suya propia, pero ésta también le place.

Vamos por el camino de la vida y nos caemos en pozos. Usted puede sentirse abrumado, engañado, sin fuerzas. Luego se sobrepone con una palabra de agradecimiento y ocurre un pequeño milagro: el sentimiento pasa.

Dar las gracias lo hace sentir bien a usted también.

Cómo escribir una nota de agradecimiento eficaz

Escriba cuatro frases a mano. (Las notas escritas a mano se sienten como regalos porque usted se tomó el tiempo de buscar el papel y el sobre y pegar la estampilla.)

No venda. Eso ya lo hizo. Si trata de vender, el lector supondrá que usted no está dando las gracias de verdad. Simplemente estará usando un agradecimiento como pretexto para lograr otra cosa.

Las gracias que se dan sin haber vendido funcionan por una sencilla razón. Pocas personas poseen el sentido y el valor de escribir una de estas notas. Piensan que las personas buenas deben "estar cerrando siempre". Así que lo siguen haciendo.

Esto abre las puertas para personas como usted, que saben dónde parar.

En "muchas gracias".

Mantenga las ventas y los agradecimientos por separado.

Lo que dice su celular

Usted está disfrutando de su almuerzo. Entonces, sucede:
El celular de la persona que lo acompaña timbra.

¿Qué le está comunicando su acompañante? Que cualquier conversación que pueda sostener por el teléfono es más importante que la que está sosteniendo con usted.

Usted sabe cómo se siente. Ahora sabe qué hacer la próxima vez que salga a almorzar.

No es necesario que escuchemos su conversación.
Preferimos disfrutar la nuestra.

Haga lo mismo
que hacen los chinos

Una visita a Beijing puede dejarlo con el sentimiento de que nuestra vida podría ser mejor.

Parece que, de forma instintiva, los chinos entienden verdaderamente la cualidad de estar pendientes de quienes los rodean, y el valor de tratar a esos otros anónimos como si no lo fueran. (Tal vez es imposible no estar pendiente de los demás en China, ya que esos "otros" son más de 1.500 millones de millones de personas.)

Observe a alguien en Beijing hablando por celular y note algo que jamás verá en los Estados Unidos: la mano izquierda tapa la boca y la salida de voz del teléfono, de forma que usted no oiga una sola palabra.

Debido a eso, usted disfruta lo que todo el mundo quiere: paz.

Por favor.

Al hablar por teléfono

Una administradora de una pequeña universidad de Missouri está luchando una valiente guerra por todos nosotros.

Sus armas, las cuales lleva a todas partes, son una docena de insectos de plástico.

Cuando alguien la interrumpe al hablar duro por un celular, ella alcanza su maletín, saca un grillo, camina hacia la persona y le da el insecto.

"¿Para qué es esto?", los sorprendidos beneficiarios preguntan, sospechando que ella les está dando un pequeño regalo, o tal vez algún producto promocional.

"Usted me está molestando", dice.

Hablar por su celular para que todo el mundo lo oiga transmite que a usted no le importa nadie. Lo que es peor, saben quién es usted y conocen su negocio.

¿Cómo lo saben? Por su tarjeta de presentación, que lleva su nombre, y que va colgada de su maletín.

Posdata: No importa lo silenciosos que tratemos de ser en el teléfono, sigue siendo insuficiente.

Mantenga en privado sus llamadas de celular.

Usted nunca hace llamadas "en frío"

Cualquier persona a la que usted llama ya sabe, o piensa que sabe, quién está llamando.

Tienen cierta información sobre usted. Por eso, han hecho lo que la gente hace en forma sistemática:

Una vez más, y no podemos decirlo con demasiada frecuencia, lo han estereotipado.

La voz que usted oye, o la persona que usted ve, no viene hacia usted "en frío". Tiene una impresión.

Antes de hacer una llamada, pregúntese: "¿Cuál es el estereotipo que esta persona tiene de mí?"

¿Cuál es la manera más rápida de suponer esto, tan eficazmente que el otro quiera oír?

Antes de llamar, envíe a la persona una carta que le haga cuestionar sus miedos. Si lo la ha calificado como "creativo", por ejemplo, es posible que crea que usted es desorganizado, muy independiente y difícil de manejar. Ése es el estereotipo de los "creativos".

Envíe una carta muy bien organizada en la cual alabe a su antiguo jefe y mencione cuánto se benefició usted al colaborar con otros.

Para evitar el frío de la llamada,
destruya el estereotipo que tienen de usted.

Comodidad y abrigo

Es cierto que al elegir la ropa, su primer criterio debe ser la comodidad.

La comodidad, sin embargo, es de quienes lo rodean.

Para entender esto, reflexione sobre uno de los sorprendentes descubrimientos que hemos hecho en nuestro trabajo en las empresas. Durante años, entrevistábamos con regularidad a los clientes de nuestros clientes. Entre otras revelaciones, queríamos aprender qué hacía especial a un cliente. Así que preguntábamos: "¿Por qué continúa trabajando con nuestro cliente?"

La respuesta que hombres y mujeres dieron más que todas las otras combinadas, fue una sencilla palabra:

Comodidad.

"Me siento cómodo con ellos", dijeron en repetidas ocasiones.

La primera clave del éxito, sea ganarse un trabajo, un contrato o un aliado, es hacer que los demás se sientan cómodos. La comodidad comienza desde la primera vez que usted aparece.

Su empaque ofrece las pistas y señales. Al elegir cómo se va a vestir, su primer pensamiento no debe ser impresionar ni intrigar. *Debe ser hacer sentir cómoda a la otra persona.*

Esto quiere decir que debe evitar los excesos. En los hombres, los anillos, aparte de la argolla de matrimonio, inspiran impresiones incómodas a los demás. Los brazaletes más aún. ¿Esa corbata de moda que le regalaron en su cumpleaños? ¡Olvídelo! En las mujeres, un criterio sencillo para saber qué *no* usar: un vestido que haga que un verdadero amigo la mire de la cabeza a los pies y diga:

"Guau"

Sí, eso no va.

Vístase para que los demás se sientan cómodos.

La regla de UCM (una cosa memorable)

Una carrera en marketing ofrece recordatorios semanales, por lo menos, del poder de la sencillez y el papel de lo inolvidable.

Un experto en ropa sabe esto también. Si usted usa una prenda de vestir vistosa, nunca la use con otra similar. Una corbata llamativa produce una poderosa afirmación visual; la misma corbata combinada con una camisa de diseños atrevidos deja mudos los dos mensajes y convierte la afirmación en un grito.

El legendario publicista David Ogilvy sabía esto. Usaba abrigos, camisas, zapatos y corbatas conservadores, y tirantes rojos como un coche de bomberos.

Lee Lynch, menos famoso pero también notorio publicista, sabía esto también. Orgulloso de su herencia irlandesa, el accesorio memorable de Lee era cualquier cosa verde, con frecuencia una corbata verde.

Una ex monja católica convertida en investigadora de mercados descubrió algo memorable un día: al saber que su cliente amaba el béisbol y las cosas poco usuales, se aventuró en un almacén y descubrió, encantada, una pelota de béisbol rara. Las convencionales están hechas de cuero de res blanco y están cosidas con hilo rojo. Ésta estaba hecha de cuero café y estaba cosida con hilo café.

La compró, la empacó muy bien y se la envió a su nuevo cliente.

Fue el inicio de una perdurable relación profesional.

Suena repetitivo decir que recordamos lo memorable. Pero vale la pena recordarlo en un tiempo en que tantas compañías tienen diversas opciones: en servicios, productos, empleados potenciales, asesores, todo. Como el productor de cereales para el desayuno, ¿cómo hacer para que lo prefieran?

Encuentre una imagen memorable: tirantas rojas, corbatas verdes o, tal vez, unas cuantas pelotas de béisbol de color café.

Busque algo memorable.

Un traje muy bueno y muy oscuro

Todo hombre y toda mujer deberían tener uno, porque con esto es imposible equivocarse.

Usted puede comprar los accesorios apropiados para el traje: una camisa francesa de puños, bufanda complementaria, mancornas, perlas y unos zapatos negros excelentes, para usarlo en un viaje de negocios en una ocasión muy formal.

O puede usar el traje oscuro con una camisa o túnica estampada de manga corta, y verse perfectamente bien en una ocasión muy informal.

También puede usar el traje para importantes eventos nocturnos o visitas menores de negocios y con los accesorios adecuados se verá perfecto.

¿Por qué muy bueno y, por lo tanto, costoso? Dos razones: lo muy bueno lo hace ver mejor. Lo muy bueno da la impresión de éxito sin parecer extravagante.

Lo más caro, en últimas, cuesta menos, porque los vestidos bien confeccionados duran más. Dadas las muchas veces que usted puede y debe usar ese traje, es más económico invertir en uno que tendrá una larga vida.

Un gran traje.

Zapatos negros de amarrar y costosos

Todo hombre debería tener un par.

Porque nunca se ven mal. (En muchos lugares y con casi todos los trajes, los mocasines se ven demasiado informales. Fueron diseñados para estar informal.)

Porque los grandes ejecutivos insisten en usarlos, y toman en serio a las personas que se visten como ellos.

Porque se ven bien con el traje muy bueno y muy oscuro que usted acaba de comprar, y se ven menos que unos zapatos de amarrar color café.

Porque los zapatos bien manufacturados duran más.

Porque las mujeres se fijan en los zapatos, y con frecuencia usted está tratando de persuadir a una mujer.

Porque se ven más serios, y usted quiere que lo tomen seriamente.

Porque transmiten una imagen de éxito, y usted quiere verse así también.

Y un par de excelentes zapatos.

Por qué funcionan los portafolios caros

Porque "empacan" su trabajo, y la gente juzga los libros por sus cubiertas.

Porque dicen: "Mi trabajo es importante para mí".

Porque lo hacen ver más organizado, y el 90 por ciento de los clientes en potencia y empleadores quieren a alguien que sea organizado.

Un excelente portafolios negro.
(PD: Esto también va para los plomeros:
una caja de herramientas cara y sin manchas.)

El principio de asegurarse contra el fracaso

Los aficionados al cine y los estudiantes de la guerra nuclear reconocen este término. La película *Fail Safe* lo hizo famoso. Se refiere a los pasos que tomamos —en este caso, preparación para una guerra nuclear— para defendernos del fracaso.

En el caso de Betsy Redfern, asegurarse contra el fracaso se manifiesta en cualquiera de los muchos días del año en que ella y su compañía, NWH, tienen que atender a un cliente que no es de la ciudad. El cliente está programado para llegar al inmenso aeropuerto de Denver. Los que viajan frecuentemente conocen los problemas. Usted llega al aeropuerto de Denver.

¿En dónde está su automóvil? No lo encuentra.

¿A quién puede llamar?

Algunos anfitriones le darían al visitante el número telefónico de la compañía de automóviles. Otros, más minuciosos, le dan su propio número y el de la compañía de automóviles. Betsy, sin embargo, le da su número, el número de su oficina, su número personal, el número de la compañía de autos, *y* el número de su asistente y los números de sus teléfonos celulares. (A medida que escribo esto, Betsy, directora de desarrollo de NWH, está pensando en comprar otro celular, en caso de que alguien llame a los otros números y falle, y su primer celular se haya quedado sin batería.)

Es impresionante ver a Betsy en acción. Pero es más que eso. Es profundamente tranquilizador. Usted viaja a la mayoría de lugares del mundo con mucha ansiedad. Viajar en avión es el mundo de la ley de Murphy, como todo viajero sabe: si algo puede salir mal, saldrá mal. En forma repetida.

Cuando usted viaja a Denver a visitar a Betsy y su compañía, puede dormir durante todo el vuelo. Al elegir la compañía con la que quiere trabajar, usted elige a los jefes de Betsy, porque ella brinda algo que hace falta en muchos aspectos de la vida: la capacidad de ser predecible.

Haga copia de todo, verifique dos veces cada cosa, siempre tenga un plan de contingencia.

Astucia

Hace casi veinte años, un joven publicista apareció en un panel de discusión ante un grupo de cien personas. Con despreocupación estudiada, sacó de su portafolios un accesorio poco común y lo puso en la mesa en frente a él, para que todos lo vieran: lo que en ese entonces se llamaba un "teléfono móvil".

Naturalmente, hizo esto para decir que era importante. Falló al no situarse entre la audiencia y ver lo que ellos, de hecho, vieron: a un hombre joven inseguro.

Un ejecutivo de cuenta en una empresa líder de Manhattan estaba en frente de los ejecutivos más prominentes de una firma *Fortune 200*. La junta directiva había invitado a los representantes de tres agencias para que asistieran a una reunión antes de que presentaran sus tácticas de ventas. La naturaleza de esa reunión sugería lo que los anfitriones querían: una oportunidad para sentar las reglas de las presentaciones y ofrecer cualquier información que las agencias necesitaran.

Sin embargo, este ejecutivo en particular pensó que él era más astuto. Creía que podía ganar meritos si impresionaba al cliente. Por lo menos una vez cada ocho minutos, el ejecutivo encontraba, aunque con mucha tensión, la ocasión para mencionar el trabajo previo de su agencia para varios clientes de *Fortune100*.

Pero no logró impresionar a los asistentes. Por el contrario, éstos se sintieron insultados al ver que el ejecutivo creía que los podía engañar. Se sintieron incómodos con el hombre que no entendía que él estaba allí para escucharlos y hacer preguntas.

El ejecutivo estaba convencido de que podía engañar a la gente.

Otra ejecutiva estaba haciendo su presentación a la Corporación BIC. Había hecho toda la tarea. Se le olvidó, sin embargo, algo importante:

Un bolígrafo BIC.

Después de comenzar su presentación se dio cuenta de su error. Trató de esconder su Paper Mate pero el esfuerzo fue demasiado obvio. Al tratar de arreglar el problema de su intento de engaño, el bolígrafo faltante la distrajo tanto que no prestó atención a una de las preguntas de los clientes potenciales.

Al final, se excusó, dejó el recinto, y volvió con un bolígrafo BIC en la mano. También dejó el recinto con el bolígrafo BIC, pero sin el contrato de BIC.

Usted puede engañar a alguien de vez en cuando. El único problema es que a quienes puede engañar es a las personas con quienes no debe hacer negocios. Eso es, en parte, porque si usted los puede engañar, alguien más lo hará también.

Nunca trate de engañar a nadie.

Algo que se debe evitar

Un viejo dicho nos recomienda no discutir jamás sobre religión o política.

No lo haga.

Nada de política.

Y otra cosa

Todo el mundo tiene fe y practica su religión de manera diferente. Pero hay unos que gravitan alrededor de lo que encuentran en usted que es similar a ellos. Mientras más exponga su fe, más lejano puede parecer.

Eso no lo acerca a la gente.

Todavía vale: nada de religión.

Tampoco diga esto

Usted está en una reunión cuando Marta se presenta. Ella trabaja con Acme.

Nunca pregunte: "Y, ¿qué hace Acme?"

Acme puede estar patrocinando el evento y Marta se sorprenderá de que usted no sepa, o no se haya tomado el tiempo para averiguar, qué hace su compañía.

O aunque Acme es una compañía pequeña, Marta está orgullosa de ella. Usted la ha herido al no saber nada sobre la compañía.

O ella es la dueña de la compañía, y está todavía más orgullosa y más dolida.

"¡He oído que les está yendo muy bien!" Con seguridad, usted no lo ha oído y al decir esto corre otro riesgo por otra razón: Acme puede estar 30 por ciento por debajo de las otras empresas, lo cual hubiera sabido si hubiera leído la sección de negocios del periódico de la semana.

Aparentemente no lo ha hecho, lo cual lo deja no sólo como alguien engañoso, sino desactualizado.

Quédese con: "¿Cuál es su papel aquí?"

Sexo (¡finalmente!)

The New York Times publicó un artículo sobre los hombres de negocios que viajan con su esposa, y notó algo en particular:

El cónyuge, generalmente el hombre, que lleva a su esposa a la primera mitad del viaje, y a su amante a la segunda.

El artículo también hablaba sobre algo que los ejecutivos no habían notado. Lo único que las personas de la compañía admiraban en ellos era su audacia. Los comentarios de los demás, hasta de los más liberales y condescendientes, sugerían que podemos perdonar los defectos ajenos pero que se espera que los mantengan ocultos.

Los comentarios también nos recuerdan: las personas temen que quienes puedan romper las promesas del matrimonio puedan romper otras también.

En la habitación, sí. En la sala de juntas, no.

Más sexo

Hace poco supimos de Emma, quien había sido condenada al ostracismo por un antiguo amigo y compañero. Éste decía que tal vez podría continuar con su relación de amistad siempre y cuando ella finalizara su divorcio, o dejara de cenar con otros hombres mientras aquél estuviera pendiente.

Hasta entonces, el hombre simplemente no podía socializar con Emma.

Este hombre de moral tan rígida estaba casado con una mujer que todavía estaba casada cuando tuvieron sus primeras ocho citas. Sintió una afinidad especial mientras la cortejaba y tal vez en parte porque compartían algo en común.

Él también estaba casado.

Sin embargo, estaba profundamente ofendido por el comportamiento de Emma, que era idéntico al suyo.

Tenga cuidado. No es sólo a los mojigatos a quien usted puede ofender. Es a los mujeriegos, deshonestos, tramposos y calaveras.

La religión y la política son temas mortales; el sexo es aun peor.

El sexo: estupendo en teoría,
desastroso en la práctica.

Cómo lograr que le crean

Admita una debilidad.

Desarmará la resistencia de algunas personas.

Fortalecerá todos los aspectos en que usted se declare fuerte.

Algunos investigadores descubrieron esto hace unos años, cuando aprendieron que las pequeñas críticas sobre un candidato a un trabajo hacían que las alabanzas de las personas que lo recomendaban fueran más creíbles y poderosas. Las personas que leían las solicitudes de empleo estaban más dispuestas a entrevistar al candidato que había recibido esas críticas leves.

Admita una debilidad.

Secretos

Guárdeselos. Protéjalos por lo que son: regalos sagrados. Son regalos de confianza, que se le han dado para ser guardados.

Le han sido otorgados porque usted se ha ganado la confianza de su confidente, el corazón de todas las grandes relaciones. Guarde esas confidencias y sus amistades se profundizarán. Revélelas y lentamente verá un desarrollo importante: un ejemplo exacto de una espiral viciosa.

Usted revela una confidencia. Ahora la persona a quien usted se la ha revelado conoce el secreto y algo más:

Sabe que usted no es una persona de fiar. Ella tiene varios amigos cercanos, y a ellos les cuenta su traición. Ellos, a su vez, la esparcen a otros que harán lo mismo.

Las traiciones se esparcen como virus.

Las palabras mismas sugieren algo aquí. Nosotros "confiamos" en personas con quienes nos sentimos "confiados"; las palabras comparten el mismo origen. Pero si no puedo confiar en usted, no puedo desarrollar una relación duradera, y los demás sabrán esto también.

Guarde los secretos.

Errores

Admítalos.

La gente decide que quienes admiten los errores son honestos. Confiarán en cualquier otra cosa que usted diga.

Las personas deciden que quienes nunca admiten sus errores son inseguras y no pueden ser completamente confiables.

El corazón de una gran relación es la confianza. Admitir los errores es una de las formas más veloces de construir una relación.

Confiésese.

Cómo causar una primera impresión magnífica

La primera vez que usted prometa algo, especifique el tiempo preciso en el cual cumplirá su promesa.

Luego, cúmplala con medio día de anticipación.

Diga p.m. y entregue a.m.

Acerca de las críticas

Alice Roosevelt Longworth se hizo notar por su famosa cita que capta el núcleo de un chisme.

"Si no puedes decir nada amable sobre alguien", dijo, "ven y siéntate junto a mí". (También es conocida por un comentario que hizo el día después de haber tenido a su primer hijo, y Alice ya tenía 41 años: "Yo pruebo de todo una vez".)

Sin embargo, Alice nunca fue una amiga. Muchas personas la evitaban por completo mientras que otras nunca se sentían a gusto como para establecer una relación de amistad. Hacían bien. Instintivamente sabían que aquéllos que hablan mal de los demás también hablan mal de usted.

Dale Carnegie reconoció esto hace décadas. Puso énfasis en que se debe hablar de forma positiva y no criticar, porque sabía que las personas temen ser amigos de los que critican. Temen, basados en la experiencia, que una persona que critica, al final, también los criticará a ellos.

Están en lo cierto.

Acentúe lo positivo.

La adulación no lo conducirá a ninguna parte

La frase anterior es famosa y cierta.

La adulación fracasa y con frecuencia hace salir el tiro por la culata. La adulación es esa forma de alabanza que se delata a sí misma.

Muchas personas piensan que Dale Carnegie es el padrino de la adulación en los negocios. Su legendario libro que aparentemente alentaba la adulación le ha valido la enemistad de docenas de reseñadores. El consejo de Carnegie les confirmó que los negocios eran, como lo mostraban muchas películas, un refugio para los manipuladores como Maquiavelo.

Pero el hecho de que nuestro lenguaje tenga tantos sinónimos desagradables para la falsa adulación, "lame botas" es uno de mis favoritos, deja ver que la consideramos muy mal.

Carnegie, de hecho, lo que intentaba era persuadir a sus lectores de algo diferente. Veía lo bueno en los demás y se concentraba en eso. No encontraba valor alguno en señalar la mala dentadura de alguien y parecía notarla menos que el buen pelo que la misma persona tenía.

Despreciamos la falsa adulación y los caprichos, pero admiramos a los que elogian. Los consideramos cálidos, optimistas, generosos y seguros.

Amamos los elogios. Cuando usted elogia a alguien, le está ofreciendo un regalo.

Elogie con frecuencia; nunca adule.

No más el tipo grosero

Hace quince años, el líder y salvador de los negocios en Estados Unidos era tan tosco que lo apodaron como un personaje de una película de horror: lo llamaron Motosierra.

Cinco años después, lo que parecía duro no era el hombre, el presidente de Sunbeam Al Dunlap, sino el fracaso de su compañía. El inventario de Sunbeam se resquebrajaba y los que habían sufrido los efectos de la motosierra eran los empleados de Sunbeam y el futuro de la empresa.

Phil Purcell, quien manejaba Morgan Stanley en ese tiempo, actúo de forma ruda también. Actúo tan rudo que cuando su compañía se fusionó con Dean Witter, muchos llamaron al nuevo dúo "la bella y la bestia". Purcell manejó la nueva empresa con su proverbial mano de hierro, pero cuando las personas sintieron su mano, huyeron: los gerentes, los agentes, los comerciantes y luego, aun más doloroso, los clientes.

Hace sesenta años salimos de una gran guerra. Durante años después, tomamos como nuestros líderes modelos a los hombres endurecidos en esas batallas. Abrazamos el eslogan: "Cuando las cosas se ponen duras, lo duro empieza a funcionar".

Pero esa guerra se peleó y se ganó, y el mundo de los negocios que una vez siguió sus ejemplos no es más un campo de batalla, como sabemos. Para muchas personas, nuestras guerras ya no parecen heroicas.

Una nueva generación es ajena a ese pasado y no muestra ningún interés en volver a verlo. No son reclutas, son compradores en busca de una forma de vivir vidas satisfactorias. Si usted puede ayudarlos, bien. De lo contrario, siguen su camino.

Usted puede tratar de ser rudo, pero esto no le traerá sino errores. Si usted quiere venderse a usted mismo, su visión, sus objetivos, sus productos o sus empleados, que la guerra no sea su modelo.

Elija, en cambio, la paz.

Las corbatas del poder están almacenadas en tiendas de consignación, recolectando polvo; está claro que sus días ya pasaron.

Tenga cuidado con jugar el rol del tipo rudo.

Cuidado con el comprador que pide rebaja

Si los compradores sensibles a los precios pidieran rebaja solamente por precio, podrían ser buenos clientes en potencia o clientes.

Infortunadamente, la mayoría de los compradores sensibles a los precios regatean sobre cualquier cosa. Lo quieren por menos, pero quieren más.

Esto toma tiempo. También colma su paciencia, disminuye su alegría en el trabajo y reduce sus márgenes de ganancia. Si usted suma todos los costos, éstos siempre exceden los beneficios.

Cuídese de quien pide rebaja.

El poder del precio

En Scottsdale, Arizona, un planeador financiero ganaba lo que necesitaba, pero no lo que quería y salió en busca de respuestas.

Durante dos años leyó libros de ventas y marketing y ensayó diferentes técnicas, pero el negocio apenas se mantenía.

Un día, inspirado al leer que diversos productos y servicios habían sobrepasado a sus competidores simplemente por haber elevado sus precios, decidió que él haría lo mismo. Incrementó sus honorarios en un 40 por ciento.

En el primer año después de este incremento, sus entradas subieron un 65 por ciento. Hoy, su ingreso anual ha crecido casi el 150 por ciento. Ha dejado casi todas sus otras ventas y actividades de marketing porque tiene todo el trabajo que puede manejar.

Le funcionó a los zapatos Timberland. Le funcionó a American Express. Le funcionó a varias universidades norteamericanas.

Pida más.

El poder del precio, segunda parte

Al oír la historia anterior, el esposo de una decoradora de interiores canadiense, relató con emoción la experiencia de su esposa.

Durante dos años, su esposa cobraba la tarifa de los mejores decoradores de interiores en su área: 75 dólares por hora. El negocio estaba bien pero no maravilloso.

Así que aumentó la tarifa a 125 dólares por hora.

Tal y como lo cuenta su esposo, el efecto fue inmediato. Se incrementaron las solicitudes de personas ansiosas de trabajar con la "mejor decoradora de interiores" de la región.

Su tasa de conversión se incrementó también. Una vez que los clientes en potencia creían que estaban en manos de la mejor decoradora del área —era la conclusión que sacaban al oír sus tarifas— estaban más dispuestos a decir: "¿Cuándo podemos empezar?" Las ventas tomaron menos tiempo.

El alza en las tarifas produjo otra consecuencia no anticipada. Su clientela, más rica, pagaba más rápido, con más ganas y sin fallar. El dinero fluía con más rapidez. El cobro tomó menos tiempo también.

"Fue increíble", decía el esposo. (Ella estaba ocupada trabajando en casa cuando él nos contó esto.) "Nunca hubiera imaginado que todo esto podría pasar".

"Yo sólo quería que ella ganara lo que estaba ganando antes, pero con menos trabajo".

Pruébese a sí mismo con su precio.

Tiempo

Algunas personas dan y otras toman.

Evalúe eso en forma inmediata. Dé su tiempo generosamente a las personas que dan y evite a quienes toman.

Su tiempo es precioso. Dedíquelo a las personas
que usted valora y a quienes también
lo valoran a usted.

Cómo recordar nombres

Usted probablemente ha oído, tal vez muchas veces, las famosas palabras de Dale Carnegie: que su propio nombre le suena a una persona como la más hermosa palabra del idioma.

Si usted es como el 95 por ciento de todos los lectores, sin embargo, saber esto no lo ha ayudado mucho. A usted todavía, con frecuencia, se le olvidan los nombres. Tranquilo: incluso las personas que son buenas para recordar nombres también fallan.

De nuevo, reconocer que usted piensa visualmente y no verbalmente es una clave para mejorar. Su mente lucha por recordar palabras, a menos que sean repetidas tantas veces que no se puedan olvidar.

Recordamos mejor en imágenes.

Esto se aprende en marketing. En forma repetida, las personas evaluadas no pueden recordar las palabras de un comercial pero recuerdan, vívidamente, cada imagen. En otras evaluaciones, las personas no recuerdan los nombres de las compañías pero reconocen sus símbolos.

Aproveche esto. Traduzca el nombre de la persona en una imagen.

Practique cuál de estas aproximaciones le funciona mejor; todos podemos encontrar una que nos funcione.

Primero, imagine que la persona es alguien a quien usted ya conoce con el mismo nombre. El extraño Jim se convierte en su amigo Jim Fernández. Usted después notará que los dos Jims tienen contexturas y cabellos similares, lo cual hace más fácil recordar al extraño Jim.

O imagine que la persona es alguien con un nombre famoso. Usted no puede visualizar a Juan, pero lo puede transformar en "Juanes". De nuevo, destaque un rasgo físico, tal vez el pelo lacio, que usted inmediatamente asocia con Juanes.

Finalmente, vea si puede traducir el nombre mismo en una imagen. El extraño Jim puede ser un "yimnasio". Si el extraño Jim tiene un buen aspecto físico, piense en él levantando pesas, o simplemente asócielo con el pensamiento: "Él va a un gimnasio". Tomás se puede traducir a la imagen de un trago, Julia a la imagen de las joyas que usa en el cuello y las manos, Enrique a su pelo rubio.

Ensaye esto. Pero haga lo que haga, no trate de recordar el nombre.

Recuerde la imagen.

Luego recordará el nombre con mucha más frecuencia.

Sólo para estar seguros, diríjase a ellos por el nombre inmediatamente para que éste se le quede grabado. Luego concéntrese en repetir el nombre, porque la repetición refuerza la memoria también.

Recuerde en imágenes.

Hay esperanza

"Yo no me acuerdo de los nombres. No puedo ahora y nunca he podido. He dejado de intentarlo".

Gary dijo esto hace tres años. ¿Le suena familiar?

Entonces siga leyendo.

Como todos nosotros, Gary cayó en la trampa de insistir: "Soy como soy". En parte, estaba en lo cierto: Gary era quien era en el momento de decir eso.

Pero así como progresó de ser un pésimo jugador de tenis hasta ser uno que competía con la tercera parte de sus amigos, Gary decidió que la práctica podría funcionar. Estaba seguro de que no sería perfecto, y tenía razón; es levemente disléxico.

Pero Gary siguió practicando. Concibió otra táctica para la memoria, que era responder inmediatamente después de la presentación: "Entonces, *David*, ¿de dónde eres?" Con el fin de grabarse el nombre a un nivel más profundo, decía: "Me recuerdas a mi amigo, David Banner", aun cuando el parecido fuera remoto.

Gary mejoró.

Usted es quien es, pero se convierte en lo que hace. Gary continuó y se volvió todavía mejor.

Notó un cambio. "Cuando una persona me oía repetir más su nombre, se comprometía más conmigo. Mientras más compromiso había, más me comprometía yo. Me sentía más conectado. Sentía la diferencia. Incluso si recordar los nombres nunca me sirviera para firmar un contrato con ellos, las relaciones se sienten mucho mejor".

Simplemente practique.

Su tarjeta de presentación

Con frecuencia usted oye sobre las primeras y las últimas impresiones. Sin embargo, rara vez oye que tiene muy pocas oportunidades para dar *cualquier* impresión.

Usted saluda a alguien, habla, le entrega una tarjeta de presentación y se despide.

Un saludo, una conversación, una tarjeta de presentación: eso es todo.

¿Qué viene después? Un vago recuerdo de usted y la conversación, y la tarjeta de presentación, la única evidencia tangible y visible.

Su tarjeta de presentación también le proporciona algunas oportunidades para comunicar lo que debe: que usted es diferente.

Esto explica por qué las personas en el negocio del aluminio deberían tener tarjetas de aluminio, e igualmente las personas en el negocio de la fibra de vidrio, cajas corrugadas y microprocesadores. Ésa es la razón por la que el director de una escuela de natación debería pensar en tarjetas transparentes color agua, y la razón por la que todas las personas deberían pensar en tarjetas de dimensiones, materiales y mensajes diferentes.

Usted quiere ser recordado, memorable y distinto.

Usted ha visto tarjetas con trucos y ha decidido que no funcionan. Está en lo cierto; las personas aborrecen los trucos. Los asocian con quienes tratan de impresionar de manera torpe.

Usted no necesita un truco; necesita una afirmación vital y auténtica. Ya que eso es todo lo que la persona necesita para asociarse con usted, ¿puede dejar de ser vital, memorable y distinto?

Ahora, piense en otro punto vital. A pocas personas les agrada que les vendan. Una "tarjeta de presentación" convencional comunica en esencia: "Me gustaría hacer negocios con usted". Pero se necesita establecer una relación antes de tratar de hacer una venta, lo cual conduce a una obvia e importante conclusión.

Usted necesita una tarjeta que no sea de negocios.

Entre otros beneficios, las tarjetas que no son de negocios logran impresiones distintas porque pocas personas las usan. Comunican un mensaje personal: por favor llámeme a mí y no a mi compañía. Aleja la discusión de los negocios, lo cual reduce la resistencia del que la recibe.

¿Cómo hacerlo en forma correcta? Llame a una agencia de publicidad reconocida y pregunte por el director de arte. Dígale que necesita un buen diseñador, preferiblemente con experiencia en diseño de tarjetas de presentación. (Las personas creativas estarán gustosas de ayudar, en caso de que lo dude.)

Entreviste a tres diseñadores recomendados (pida ejemplos y presupuestos). Si el presupuesto es extravagante haga dos cosas.

Pregunte: "¿Puedo darme el lujo de no dar una impresión fabulosa?"

O vaya al mejor almacén de esquelas o de papel en su área y hágase la misma pregunta. Si usted vive en una ciudad que tiene una escuela de diseño, llame allí y pregunte por el profesor de diseño y pídale que le recomiende a un estudiante. Éste necesita y le encantará la experiencia, y tendrá el talento suficiente para producir una tarjeta distinta y eficaz.

La gente lo notará.

Tarjetas de ocasión

Millones de compañías envían tarjetas a sus clientes y asociados de negocios en ocasiones especiales.

Ésa es una razón para que usted no lo haga.

La gente se siente asediada con estas tarjetas, durante una época en la cual tienen poco tiempo para leerlas y apreciarlas.

Las reciben de docenas de personas, lo cual hace menos probable que se tomen un momento para recordarlo a usted o su mensaje. (Un gran porcentaje de los receptores tiran los sobres sin abrirlos.)

Peor, usted se encontrará enviando tantas tarjetas en una época en la cual está tan ocupado que estará tentado a escribir simplemente: "Gracias y mis mejores deseos".

Imagine lo que esto implica. "Juana está tan apurada que me dijo lo mismo que les dijo a todos los demás". El lector piensa lo que es una implicación obvia:

"Soy uno entre cientos para Juana, nada importante".

Queremos que nos traten como personas importantes. A menos que usted pueda escribir docenas de notas cuidadosas y personales al final de año, evítelo.

En cambio, busque ocasiones especiales a lo largo del año para escribirle no a veinte personas, sino a una a la vez. Elija el tiempo apropiado para el cliente. Los cumpleaños están bien, pero una tarjeta que demuestra que usted sabe un poco más sobre la persona funciona mucho mejor. Ensaye con el cumpleaños de los hijos de los clientes, por ejemplo, o el día en que su equipo de fútbol favorito haya ganado un gran partido.

La manera más vívida de demostrarle a alguien que es importante sin importar la época del año es tomarse el tiempo. Usted quiere que lo noten. Así que no envíe mensajes esperados en épocas esperadas. Envíe notas especiales y altamente personales en ocasiones especiales para esa persona únicamente.

No es sólo cómo usted da las gracias,
sino cuándo y qué tan bien lo hace.

Cómo escribir un memo impresionante

En cada memorando largo hay uno pequeño que grita por salir, y un lector que desearía que lo hiciera.

Escriba una página.

Si eso es imposible, resuma el memorando en el primer párrafo.

Dígales a los lectores lo que quiere decirles, especifique los siguientes pasos y luego, en forma clara, solicite una respuesta.

Sobre todo, sea breve.

Seguimiento

Eric lo hace; todos lo hacen.

¿Sabe usted con qué frecuencia?

Eric acaba de entrevistar a cuatro candidatos para un trabajo en su firma de diseño.

Eligió a estos cuatro de una lista de diez, y ahora no sabía cuál era mejor. Cada candidato parecía calificado, afable, motivado y comprometido.

En breve, Eric se encontró en una posición en la que están cientos de personas en el mundo de los negocios, todos los días. ¿A quién elijo?

¿A quién eligió Eric?

Al candidato que primero escribió después de la entrevista.

Con frecuencia, y más de lo que imaginamos, ésta es la diferencia en ventas. Hace algunos años BellSouth descubrió que sus dos grupos de soporte que visitaban a los clientes grandes actuaban en forma diferente. Uno había recibido buenas críticas de sus clientes, por lo general, pero el puntaje de satisfacción del segundo grupo era un 40 por ciento mayor.

¿Cuál era la diferencia? El grupo con el porcentaje de satisfacción más alto había escrito unas políticas de seguimiento en las veinticuatro horas siguientes a cada contacto que tenían con un cliente. El otro grupo no tenía políticas y se demoraba más de dos días en hacer sus llamadas de seguimiento.

Haga seguimiento al otro día.

Busque el cambio

Este año aparecerán cerca de 300 libros que les dirán a las personas cómo perder peso. Al final del año, sin embargo, los reportes nos dirán que más gente tiene sobrepeso, más que en cualquier momento de la historia del país.

Suponemos que los libros de dietas brindan consejos útiles. Suponemos que las personas los leen y los siguen.

Entonces ¿qué falla?

De manera similar, este año veremos cientos de libros con la promesa siguiente: podemos ayudarlo a prosperar en el trabajo. En diciembre del mismo año, millones de personas sentirán que están en el mismo lugar en dónde comenzaron en enero.

¿Están viciados los consejos? En algunos casos, tal vez. Algo que emerge con frecuencia, sin embargo, son los: "he estado ahí, he hecho eso". Las personas creen que han oído esos consejos antes, de modo que no pueden ser los que necesitan. En cambio, deciden que necesitan algo nuevo.

Pero los consejos no son menos verdaderos o valiosos simplemente porque hayan sido ofrecidos con anterioridad. Los consejos aparecen una y otra vez porque en forma repetida no se tienen en cuenta; ni los asesores siguen sus propios consejos. (Si hubiéramos seguidos los nuestros, habríamos escrito cien notas de agradecimiento más el año pasado.)

"Yo sé eso", nos decimos a nosotros mismos y suponemos que porque tenemos el conocimiento, cotidianamente actuamos de acuerdo con él.

No lo hacemos.

Leemos este consejo y en lugar de tomar alguna acción, nos decidimos por la comodidad. Nos sentimos a gusto con la seguridad de que hemos seguido el consejo todo el tiempo.

Vemos un paralelo perfecto en los negocios. Necesitamos algo nuevo y diferente, nos dicen. Miramos alrededor y nos damos cuenta de que no es necesario nada "nuevo y diferente". Es como el equipo de fútbol que decide que, para obtener el éxito, necesita jugadas con más imaginación y poco predecibles. Usted mira y dice: "Parece que lo que deberían hacer primero es bloquear y atacar".

Así que, por favor, hágalo. Siéntase libre de suponer que usted ya sabe todo lo que está escrito en este libro. Pero luego, siéntase incómodo. Suponga que no está actuando de acuerdo con ninguno de estos consejos. Si lo está haciendo con algunos de ellos, no está haciendo lo suficiente. Haga más.

Lea este libro, luego actué en forma diferente. Concéntrese en una página al día, una idea diaria. Actúe en consecuencia.

No busque seguridad. Busque el cambio.
Luego siga buscando.

El sándwich de los treinta y cuatro millones de dólares y el dinosaurio:

EL ÉXITO Y LOS FRACASOS DELICIOSOS

Todos los días con Morrie

El edificio se ve tan feo que casi nadie repara en él.

No hay razón para sospechar que lo que hay en su interior lo dejará sin aliento.

Es un edificio en cualquier parte, en Minnesota, a medio hora del centro al occidente de Minneapolis. Es un edificio de los típicos que salpican la escena de esos lugares semirurales, semiurbanos, excepto por su tamaño: cerca de 12.000 metros cuadrados. No tiene señales ni decoraciones arquitectónicas, sin embargo, esta modestia cobra sentido cuando usted sabe algo más del hombre detrás del edificio

El nombre de ese hombre puede serle familiar: Morrie. Usted se detiene por un momento. La palabra "automóviles" viene a su mente: Importaciones Morrie, Mazda de Morrie, Morrie esto y Morrie aquello.

Automóviles es correcto. Pero mientras el edificio no se puede describir, los automóviles sí: usted ve cuatro impresionantes convertibles Plackard de 1938, tan brillantes que piensa que deben estar cubiertos con aderezo para ensalada, y tres clásicos convertibles Thunderbird. Ve automóviles antiguos que no sólo recuerdan a *El Gran Gatsby*, sino que también le hacen pensar en el famoso último párrafo de la novela, en el cual Scott Fitzgerald se refiere a la belleza en forma memorable: "proporcional a la capacidad de admiración".

Admiración, por supuesto. Este hombre adora los automóviles.

Y mientras más sondee, más interesante le parecerán el hombre y la historia de amor.

Cuando Morrie Wagener le da la bienvenida en su oficina de Subaru de Morrie, se presenta como su propia secretaria. Insiste en tomar su abrigo y en traerle café. Se asegura de que usted tenga todo lo necesario antes de sentarse. Después de cuarenta años por fin remodeló su oficina, pero ésta sigue siendo tan modesta como Morrie. Los muebles son de Furniture Depot. La chimenea entre las dos ventanas que dan sobre la autopista I-394 es lo único que marca una diferencia con las cientos de oficinas en esta amplia autopista de Minnesota.

"Quizás los holandeses son frugales de verdad", dice, refiriéndose a su madre, "Y soy mucho más parecido a ella que a mi padre". Éste era un comerciante de implementos nacido en Alemania que al final se convirtió en senador por los condados de Scott y Craver. La frugalidad de Morrie puede ser típica en Holanda, pero su ascenso tiene todas las características que podemos asociar con los colonos alemanes. De forma típica, su padre compró una finca e insistía en que sus nueve hijos trabajaran allí durante los veranos.

Tan inverosímil como parezca una vez usted lo conoce, él insiste en que fue el rebelde de la familia. "Me fui de la casa antes de graduarme de secundaria". Incluso ante de esto, el romance comenzó. En el segundo año, Morrie Wagener, compró un Mercury 1947 por el asombroso precio de

100 dólares. (Una ganancia de 600 dólares. "¿Quién se iba a imaginar que terminaríamos siendo las buenas épocas?", dice Morrie. "Los comerciantes, hoy en día, ganan un promedio de 400 dólares por cada automóvil vendido".)

"Se podía ver que en el fondo era especial", dice Morrie. Casi de inmediato se metió por debajo y por todo el automóvil. Cuatro años después, lo vendió por siete veces lo que había pagado por él.

Sus hermanos fueron al seminario y a la universidad, pero Morrie, el rebelde naturalmente protestó. Decidió ir al Instituto Dunwoody. En parte, esto se debió a su pasión por los automóviles.

"Fue también porque no conocía más. No sabía sobre las becas". Así que Morrie trabajó en las noches y los fines de semana en una estación de gasolina para pagar su matrícula en Dunwoody, la cual era mucho más baja que la de una universidad típica.

Demostró ser más que eso. Morrie lo recuerda como una buena institución, llena de jóvenes que llegaban de la guerra de Corea. Aprendió aun más sobre automóviles, pero recuerda algo que también ha perdurado hasta hoy. "La misión de Dunwoody no era sólo enseñar aptitudes técnicas. Había un gran énfasis en los valores. Esas lecciones realmente se me grabaron". Es una deuda que Morrie paga todos los días. Ha sido miembro de la junta directiva de Dunwoody desde 1995 y lidera las campañas para recolectar los fondos que hacen de Dunwoody una escuela técnica modelo, en el ámbito nacional, ya que no tiene ánimo de lucro.

Morrie se graduó con honores en 1957 y rápidamente vio recompensado sus esfuerzos en Dunwoody: diez personas le ofrecieron trabajo. No es sorprendente que un joven al cual no le gustaban los automóviles norteamericanos, —"no eran buenos en ese entonces"— optara por hacer parte de una pequeña importadora de automóviles a las afueras del centro. Al cabo de un año de estar allí, la oportunidad llegó de manera extraña.

"El dueño viajaba mucho y el gerente de servicios era alcohólico. Todos los días a medio día ya estaba dormido. Así que me hice cargo de su departamento. No había mucha opción".

El contexto disfuncional, sin embargo, hizo que Morrie buscara algo más sano. En 1958, un vendedor de la compañía adquirió una franquicia en los suburbios occidentales y Morrie se fue a trabajar con él. Pronto se arrepintió de haberlo hecho.

"El primer cheque de mi sueldo salió sin fondos. Pasaba que este señor podía trabajar con multitudes pero no tenía ni idea del manejo financiero".

Los problemas persistieron. El dueño contrató a cinco técnicos más para que trabajaran bajo la supervisión de Morrie, "y sus cheques salieron sin fondos también". Pero no renunciaron, por una simple razón. Morrie les pagaba de su propio bolsillo "para que al menos pudieran hacer mercado y pagar el arriendo". Esta generosidad hacia sus empleados parece ser una de las piezas más grandes del rompecabezas del futuro éxito de Morrie.

Más importante que estas relaciones en el trabajo, sin embargo, eran aquéllas que Morrie estaba construyendo afuera. Estaba creando un negocio notable, un cliente a la vez.

La locación suburbana fue otro factor. Como hoy, el área estaba habitada por profesionales afluentes. Apreciaban de forma particular uno de los extraños rasgos de Morrie. "Los dueños de la empresa aproximaban la cuenta hacia arriba y yo la aproximaba hacia abajo". (No es sorprendente saber que hoy, un bello afiche enmarcado en un cuarto de exhibición muestra ésta como la regla número cinco de todos los empleados: "Siempre dé algo a cambio".)

Morrie aguantó y los cheques comenzaron a salir buenos, aunque nunca le pagaron los 2.000 dólares que gastó para pagar a los empleados. Afortunadamente, entre sus nuevos clientes agradecidos había un psicólogo industrial, quien estaba convencido de que Morrie se convertiría en un distribuidor propietario. "Yo iba a trabajar en su Triumph convertible y él se tomaba un día para que yo lo consultara. Esta asesoría y consejos fueron críticos".

El gran movimiento se dio en 1966.

Saab quería establecer una franquicia local. Morrie, todavía con reservas hacia los autos locales y hasta hoy un fanático de Saab, quería hacer parte de ese negocio. Todo lo que necesitaba era una gran suma: 80.000 dólares de un préstamo para finca raíz y otro de 16.000 dólares para un plan de financiación de los automóviles.

Pero tal y como había conseguido admiradores entre sus clientes, su devoción e integridad habían llegado a oídos del banco local. Sin un plan de negocios debajo del brazo, Morrie entró una tarde al Banco Northshore en la pequeña Wayzata, Minnesota.

Dos horas después, salió con el préstamo.

Hoy en día Morrie tiene un imperio de doce concesionarios. Es uno de los negocios más exigentes del mundo, el "juego para un joven", como Morrie lo describe: días de trece horas, semanas de siete días y márgenes tan bajos que parecería que vendieran huevos en vez de automóviles. "Es un negocio con un margen del 2 por ciento, básicamente". Sólo hay que pensar en los costos de los intereses. Uno de los distribuidores de Morrie pagó 78.000 dólares sólo en intereses el mes pasado.

¿Qué es lo que lo mantiene en este negocio brutal? Por una parte es su amor por los automóviles, y por otra la satisfacción que proviene, no sólo del edificio y del negocio, sino de construir relaciones perdurables con los empleados y clientes. "Cuando las cosas van bien", dice, "es el mejor negocio del mundo". Pero añade: "Cuando va mal, no hay nada más duro".

Pero con una segunda casa en Paradise Valley, Arizona, ¿por qué no se van a ver los atardeceres, literalmente, él y su esposa desde hace cuarenta y cinco años? En este momento sólo van de visita. "Fines de semana largos", dice él, "una vez al mes". ¿No más que eso?

"Como ya había dicho, cuando el negocio de los automóviles está bien, no hay nada más divertido".

¿Y cuando no?

"Está la diversión de salir con algo para hacerlo mejor".

Una mañana con Morrie lo deja convencido de que él es único. Con un traje gris modesto, corbata negra, un par de mocasines negros y el aire de un dependiente servicial, y no el del dueño de todo el negocio, él parece, bueno, como el edificio en los suburbios. Usted puede pasar por el lado y no darse cuenta de lo que hay adentro, un total caballero en todo el sentido, incluso un retroceso a un tiempo en el cual los apretones de mano constituían los tratos y las palabras constituían vínculos. (Como evidencia, vea la declaración de valores que sigue.)

Después de ese martes con Morrie, es fácil pensar que él tiene razón. Él era un rebelde realmente.

Todavía lo es.

La historia anterior revela lo que hizo de Morrie Wagener un gerente exitoso, y cómo se vendió a él mismo. Hay varias lecciones aquí que desafían el formato común de "un cuento, una moraleja".

Los no secretos de Morrie han sido tan importantes en su éxito, y el de muchos de sus distribuidores, que están puestos en la entrada de cada uno de los concesionarios de Morrie, bajo el título: "Los *mottos* de Morrie".

Servir. Nuestro amigo de Minnesota Bob Dylan alguna vez cantó: "Debes servirle a alguien". Vaya más allá, sírvale a todo el mundo.

Dé todo de sí. Satisface a todos.

Sea recíproco. Nuestros padres estaban en lo cierto cuando tratábamos de quitarles las galletas a nuestros hermanos. Decían: "Comparte".

Haga siempre el bien. Funciona y usted se siente mejor.

Siga aprendiendo. Una gran educación sólo empieza en la escuela; nunca acaba.

Todo comienza con amor. Ame a su familia, a su trabajo, a sus amigos y a sus invitados, y a la bendición de despertar cada día con la oportunidad de poder ser alguien significativo.

El éxito de Morrie también sugiere tres lecciones más:

Sacrificio. Morrie se dio cuenta de que si se da mucho, las buenas personas devolverán el favor y lo que cada negocio quiere es buenas personas. Su hábito de aproximar la cuenta hacia abajo superó tanto la experiencia que los clientes habían tenido con otros distribuidores, que se sintieron obligados a seguirle comprando sus automóviles.

No empiece con el dinero. Empiece con algo que lo inspire tanto que pueda pasar todo el día haciéndolo. Morrie amaba los automóviles. También se dio cuenta de que amaba dar. Esta combinación lo llevó más allá de sus sueños.

Adáptese. Cuando Morrie era un adolescente, el computador más compacto del mundo pesaba veintiséis toneladas. Él estaba bien posicionado en el negocio cuando los computadores se convirtieron en una herramienta, pero nunca pensó que el tiempo pasado era mejor; aprendió nuevas habilidades, a pesar del malestar que le producía el esfuerzo. Y las herramientas probaron ser indispensables en el negocio. Con márgenes tan bajos, cada ahorro en productividad puede significar una diferencia entre perder y ganar.

Sea un Morrie.

Arnie

CCB: Mi libro *El cáncer tiene sus privilegios* necesitaba un empujón.

Cada año, los editores de los Estados Unidos publican 75.000 libros nuevos y los lectores potenciales se sienten abrumados por este exceso. Mi esfuerzo necesitaba algo que hiciera que la gente dijera: "Esto vale la pena leerlo".

Conocía a la persona perfecta para escribir el prólogo: Arnold Palmer. Es una persona conocida, él y otros miembros de su familia son sobrevivientes de cáncer y yo lo conocía desde hace treinta años.

"Prólogo de Arnold Palmer", esto alentaría a miles de personas a leer mi precioso bebé. Llamé a la oficina de Arnie y hablé con su secretaria. Me sugirió que escribiera una carta.

Así que le escribí la carta y le adjunté el manuscrito; resalté un cuento de golf para que lo leyera primero. A las tres semanas, me escribió una respuesta a mano.

Elogió el trabajo pero escribió: "Estoy demasiado ocupado para escribir un prólogo que haga justicia a su libro", y añadió que él nunca recomendaba un producto que no fuera el de él o de su patrocinador.

Sonaba como no.

Había fallado, pero sólo por un segundo. Colgué el teléfono y llamé a Florida. Al doctor Clarence H. Brown III, también conocido como "el doctor Buck", el presidente del M.D. Anderson Cancer Center en Orlando. Habíamos colaborado en varios proyectos. Y para bien de mis propósitos, yo ya le había dado algo a él sin esperar nada a cambio. Había donado libros para la biblioteca, había aparecido en el evento anual para conseguir fondos, y había hecho una presentación gratuita como agradecimiento por las presentaciones que me había pagado. Para rematar, dado que el doctor Buck ama el golf, le había mandado dos boletas gratis para mi torneo de golf.

Le pregunté al doctor Buck si escribiría el prólogo. No sólo aceptó inmediatamente, sino que me preguntó si podía ayudarme en algo más.

El doctor Buck es el oncólogo de Arnie.

Le conté a Buck sobre la respuesta de Arnie. Él sugirió que dado que Arnie tenía poco tiempo, lo podíamos invitar a escribir una Introducción, que podía ser de sólo unas líneas y así Arnie no tendría que leerse todo el libro. Podíamos redactar un corto borrador y Buck podía decirle a Arnie que le ayudaría a pedirlo.

Y eso fue lo que hizo.

Yo le había ayudado a Buck y él quería devolverme el favor. Sabía que Arnie respondería afirmativamente a la oportunidad de comunicarse con pacientes de cáncer si nos tomábamos el tiempo de explicarle el proyecto y ahorrar tiempo. Al darnos cuenta de que la única objeción de Arnie era el tiempo, y cambiando nuestra propuesta original por una que le quitara menos tiempo, obtuvimos una respuesta favorable.

Gracias de nuevo, Arnie, y a usted, doctor Buck.

Sí, dar genera recibir.

Barney

Todo comenzó con la mirada en los ojos de unos niños.

Sheryl Leach la había visto en los ojos de sus hijos a medida que miraban un vídeo que ella había hecho sobre un dinosaurio.

Como con casi todos los éxitos, la genialidad de Sheryl no surgió de su convicción de que al mundo le faltaba algo, en este caso en particular, buena programación para niños en televisión. Su fe y la mirada en los ojos de sus niños fue lo que la convenció. Buscó ayuda con nosotros.

Pidió nuestra opinión sobre su vídeo. Le dijimos que nos gustaba pero le hicimos ver que como ya no teníamos entre cinco y siete años, no éramos el público objetivo. Nuestros hijos, en cambio, sí lo eran.

Afortunadamente, habíamos aprendido cómo evaluar un vídeo infantil. La prueba no consiste en saber si el niño lo vio y aparentemente lo disfrutó. La prueba es que lo vea tantas veces que ya no necesite el audio porque recitará los diálogos de memoria.

Nuestros hijos hicieron eso.

Mientras tanto, Sheryl había puesto el vídeo en Toys "R" Us para probarlo. No se movía. Un observador racional podría concluir que no existía mercado para él.

¿O sí?

La primera pista para comercializar una idea no es el gran interés de muchas personas, sino la obvia pasión de una minoría significativa.

Las grandes ideas generan pequeños fuegos y éstos crecen.

"Me gusta". "Realmente es una buena idea". Esas respuestas son matadoras. Lo que usted quiere oír es pasión.

Sheryl sentía pasión, pero su producto seguía estancado.

Lanzamos un concurso para incentivar a 3.000 representantes a llamar a cualquier parte, tiendas, cadenas minoristas, tiendas de barrio, para que llevaran el vídeo. La única respuesta que recibían era no, una y otra vez.

Pero Sheryl había oído la pasión. También sintió algo más: *compramos con nuestros ojos.*

Eso hace que la venta de un vídeo sea difícil. Es sólo una cinta puesta de lado en un estante. Un comprador lo puede pasar por alto fácilmente; de hecho, un comprador lo notará solamente si lo está buscando. E incluso así puede pasarlo por alto.

Sheryl se dio cuenta de que necesitaba capturar los ojos de la gente. Su sencilla solución: un tierno dinosaurio de peluche con grandes ojos como un complemento del vídeo. Luego, para tener más espacio para el ojo y el estante, dos vídeos más.

Compramos con los ojos.

Ahora tenía cuatro productos, uno de ellos un vívido símbolo visual para la marca. Ahora tenía una línea de marca en vez de un producto solitario. Los niños verían al dinosaurio y querrían uno. Cuando supieran que su nueva mascota era una estrella de cine, querrían el vídeo también.

Sheryl había capturado los ojos de la gente. En cuestión de meses, tendría el corazón de los niños, un programa de televisión, una línea de ropa, loncheras, toallas de papel, todo el imperio llamado Barney.

Ella perseveró, como debe hacerlo un gran vendedor. Pero lo hizo porque preguntó, y vio y oyó la pasión.

¿Los extraños se apasionan por lo que usted hace?

Si lo hacen, usted ya llegó, o está muy cerca. Busque la última ficha del rompecabezas.

Si usted oye la pasión verdadera, ya llegó,
o está muy, muy cerca.

El sándwich de
los 34 millones de dólares

El 8 de diciembre de 1994, Procter & Gamble manejaba una hasta entonces pequeña compañía de 34 millones de dólares. Todo fue por un sándwich de carne, queso y pimiento.

Ninguna de las docenas de servicios de ventas al detal que competían por esta cuenta gigante podían adivinar que tanto se reducía a tan poco. Pero todo lo que tenían que hacer era preguntar.

El cuento comienza en Cincinnati, en las oficinas principales de P&G. Durante la primavera anterior, varios ejecutivos se dieron cuenta de que habían creado un monstruo. Durante varios años habían empleado y continuado con cerca de veinte diferentes empresas para ayudarlos a manejar inventarios, almacenamiento y publicidad de puntos de venta, entre otros servicios internos en los almacenes. Con veinte firmas diferentes llegaron veinte cuentas de cobro diferentes, veinte relaciones diferentes que manejar y otras ineficiencias obvias.

La solución de P&G era clara: consolidar.

La herramienta inicial era clara también: una solicitud de cotización.

Con tanto dinero de por medio, mucho se gastó. Las firmas competidoras, que ordinariamente habrían enviado a un representante para hacer su presentación, mandaron hasta ocho. Cuando, semanas después de las presentaciones, el comité de P&G volvió a visitar a los finalistas en sus ciudades, los miembros del comité estaban saturados con invitaciones a algunos de los restaurantes más caros. Ninguna cuenta de vino fue pequeña.

Pero los competidores subestimaron algo:

El apetito de Bruce.

Bruce voló a Minneapolis a visitar SPAR Marketing, con un particular deseo de asegurarse de que SPAR tenía los empleados suficientes y los procesos adecuados para manejar una cuenta tan grande. Llegó al aeropuerto de Minneapolis al medio día.

Estaba hambriento.

Como todos los demás, la vendedora de SPAR estaba ansiosa por impresionar a Bruce y sus tres colegas de P&G cuando los recibieron en el aeropuerto. Ella pensó que una buena forma era llevarlos a almorzar al club Minikahda, con vista al lago Calhoun, o a otro de los restaurantes de Minneapolis perfectos para cerrar negocios.

Luego la mujer oyó una vocecita:

"No olvides preguntar".

En vez de decidir impresionar a los cuatro, decidió hacer lo que ellos quisieran. ¿Qué les gustaría?, les preguntó.

Bruce sabía. Había visitado las ciudades gemelas hace muchos años y recordaba haber comido el sándwich de su vida: carne con queso y pimiento en un pan. "No recuerdo el lugar, pero nunca olvidaré ese sándwich".

"Es el Delwich en Lincoln Del" dijo la vendedora. "Justo en el camino hacia la oficina".

Bruce atacó su añorado sándwich con gusto, y la risa en el Lincoln Del ese día mostró que la mejor forma de romper el hielo puede ser con un sándwich. El grupo terminó y continuó hacia a las oficinas de SPAR. Se fueron y para los miembros de SPAR la espera comenzó.

Terminó dieciséis días después, a las 7:30 a.m.

"Tengo buenas y malas noticias para ustedes". Gulp. Espere, ¿tal vez no?

"Las buenas noticias son que el negocio es suyo".

Júbilo. Espere, tal vez no, hay malas noticias. ¿El contrato es de 34.000 mil dólares y no cien veces más?

¿Y las malas noticias?

"Lo mismo: el negocio es suyo", Bruce se rió sabiendo que P&G era un cliente difícil.

¿Cuánto vale la cuenta?

"34 millones de dólares". SPAR se había duplicado, literalmente, de un día para otro.

¿Qué marcó la diferencia?

"El sándwich. Nadie más nos preguntó qué queríamos; supusieron que nos impresionaría el que los lleváramos al restaurante más elegante de la ciudad. Vimos docenas de esos lugares. Pero sólo miramos a Lincoln Del.

Y pensé que alguien que se presentaba con el sándwich adecuado, en el momento adecuado, también nos respondería de otras formas".

En las historias de ventas hay imágenes memorables que aparecen repetidamente. Mucho después de que las presentaciones han terminado y las luces se han apagado, los clientes potenciales recuerdan un solo elemento visual, y un efecto vívido echa raíces. Recuerdan lo vívido de manera más clara y a las personas que asocian con eso.

Una vez más, las personas escogen lo vívido.

El Delwich y el ruidoso Lincoln Del fueron vívidos, porque fueron únicos. Todos los demás competidores tomaron la opción de un restaurante con candelabros y manteles de lino blanco. SPAR se decidió por lo contrario, un *delicatessen* ruidoso, y ganó.

Al final, con veinte compañías candidatas, alguien en P&G diría: "OK, ¿cuál es SPAR?" Todo lo que tendrían que contestar es: "La gente de Delwich". Todos recordaban el sándwich, la risa y el gesto de preguntarles qué querían.

Como resultado, SPAR fue la única empresa recordada y escogida.

Sea vívido.

Un día con el mejor vendedor del mundo

De las grandes hazañas en ventas, ninguna sobrepasa la ocurrida justo antes de las 2:00 p.m. el 16 de julio de 2005 en Florencia, Italia.

Primero que todo, esa fecha y esa hora son importantes en esta hazaña. Debido a ese día de verano, como era de esperarse, en Florencia hacía mucho calor: 34 grados.

En ese día, nadie hubiera soñado en comprar un abrigo largo de cuero para invierno.

Sin embargo, ese día Raphael Asti no sólo vendió un abrigo para invierno sino tres, y a una pareja que había ido a Florencia únicamente por un par de zapatos de cuero anaranjados.

Esta hazaña comienza con una pareja norteamericana que tenía mucha sed. Llegan a un café donde hacía sombra, en la parte norte de una gran plaza, Piazza Republica. Directamente enfrente de ellos, a la distancia de un campo de fútbol, ven una réplica de la famosa estatua del David.

La pareja intercambia opiniones sobre la escultura. Cuando la mujer termina, oyen a alguien más.

"Ustedes saben que esa estatua no es el David verdadero...".

Sin querer mostrar que no lo sabían (y con la ventaja de haber leído las guías con anterioridad) la pareja se dirige a quien les habla para asegurarle que ya sabían. Ven a un hombre de hombros y pecho anchos, de treinta años, evidentemente italiano por el color y la apariencia facial, pero no por su físico. Parece el jugador posterior de línea en el equipo de los 49 de San Francisco.

"Claro que lo sabemos", dicen los norteamericanos *a capella*.

Éste es el comienzo de una única e intensa amistad de un día, de las que se forman entre los turistas y las personas que se encuentran. El hombre se presenta: Raphael. Su dominio del inglés de inmediato se hace obvio: su acento, si tiene alguno, parece de Carolina del Norte en lugar del Norte de Italia. Lo explica. Su esposa, que es de San Francisco, alguna vez trabajó como compradora para Saks Fifth Avenue.

¡Interesante! ¿Cómo se conocieron? "La visité", dice él. "Mi familia está en el negocio de la manufactura del cuero".

Continúan su conversación. El carismático hombre les pregunta sobre las lunas de miel y la costa de Amalfi de su país; ellos le preguntan sobre su esposa e hijos. Se enteran de que ha elaborado abrigos de cuero para Hillary Clinton y Venus Williams. (Luego lo confirma al mostrarles fotografías de estas mujeres con sus creaciones.)

Fascinante, dicen.

"¿Les gustaría verlos"? pregunta. "Mi almacén se encuentra tan sólo a una cuadra".

Claro que sí.

Llama al almacén para avisar que están en camino.

Los turistas reciben una cálida bienvenida en el almacén

y en forma inmediata ven la fuente de orgullo de este joven. Florencia es al cuero lo que Key West es a las camisetas, un lugar con tanta abundancia que se puede pensar que las leyes de oferta y demanda reducen los precios de los artículos de cuero a los de las gomas de mascar. Se dan cuenta de que los productos son piezas únicas elaboradas a mano.

Raphael rápidamente encuentra el abrigo preciso para la mujer: una chaqueta de gamuza color chocolate con el reverso en un color más claro. Con su cabello castaño y su piel, la mujer podría, de hecho, haber inspirado una obra de arte.

Es hermoso. Tan hermoso, que tienen que preguntar: "¿Cuánto vale?"

Raphael saca una calculadora, les muestra la etiqueta con el precio y luego les da su precio especial. Al compararlo con el precio de las tiendas norteamericanas, su precio es irresistible, aun si el abrigo no cumple función alguna en ese día abrasador.

Transacción completa, no, no todavía.

Raphael les pregunta si les gustaría ver su almacén principal cerca del puente de Florencia, el Ponte Vecchio. Tan cerca, sí por supuesto.

El trío se dirige hacia el río.

De nuevo son recibidos en forma cálida, esta vez el dependiente tiene una botella de Chianti envuelta con una cinta roja. "Un regalo", dice y se la entrega a la sorprendida pareja.

Raphael pide a la pareja ver su *pièce de résistance*. El tiene razón. Es una prenda que no se puede resistir: un trabajo completo en cuero y piel con diferentes tonalidades de castaño. Pone su obra de arte sobre los hombros de la mujer. Como si fuera un milagro, cada tono del abrigo combina con el cabello de la mujer. Ya no es sólo una turista norteamericana. Ahora, gracias al milagro del cuero y el hilo de coser, se ha convertido en una estrella de cine que está de visita.

La siguiente pregunta de la pareja es inevitable: ¿Cuánto para verse como si hubiera sido nominada la mejor actriz de reparto? Otra vez, Raphael muestra la etiqueta con el precio y luego lo ajusta al precio sólo-para-ustedes. Es el precio de *résistance*.

¿Cómo pueden dejar de pagar una fracción de un millón de dólares para verse como la suma entera?

No pueden.

Con anterioridad, en el *vestiaire*, la pareja había expresado preocupación sobre la reservación para almorzar. Cuando terminan se dan cuenta de que el joven dependiente ha hecho una reservación para ellos con una botella de vino que corre por "cuenta de la tienda".

Pero espere, hay más. Esta magnífica prenda de cuero con piel de zorra alrededor del cuello. Qué halagadora, qué belleza, OK, ¿cuánto? Oh, cielos, una fortuna en Nueva York y una pequeña fortuna en Florencia, pero con el descuento del diseñador, podría estar en GAP durante la liquidación de inventario. ¡Vendido!

La pareja llegó a Florencia buscando sólo un par de zapatos naranja. En un día demasiado caluroso para algo más que un par de sandalias, se fueron con tres abrigos y una visión aterradora de su próxima factura de American Express.

¿Qué hizo Raphael?

Vendió sin vender. De hecho, desde el comienzo, pareció desviar la conversación de su trabajo. Finalmente, habló del orgullo que sentía por su trabajo y simplemente preguntó a los turistas si querían verlo, ya que estaban en la ciudad del cuero.

Vendió con su pasión, una fuerza poderosa siempre.

Vendió con su empatía. Se dio cuenta de que aun el precio rebajado era más de lo que la pareja esperaba, pero también pudo transmitir, como muchos italianos lo hacen dada su visión de que hay que vivir cada día, que algunas veces lo que hay que hacer es vivir.

Él creó un sentimiento de reciprocidad, que es clave. Raphael ofrecía más que un precio rebajado. Incluyó vino, reservaciones para almorzar, el vino "por nuestra cuenta". Cada vez que la pareja daba al comprar un abrigo, Raphael les daba algo a cambio. Cada vez que él daba, sentían la necesidad de la reciprocidad.

Sea como Raphael.

Giovanni y la fuerza extraordinaria de la pasión

Kay Redfield Jamison miró a su alrededor un día y notó la extraordinaria fuerza de una emoción rara vez examinada, y escribió un libro encantador sobre el tema.

El tema es la exuberancia.

Pensará en eso si encuentra al mejor *maître d'hôtel* del mundo.

Su nombre es Giovanni Freelli y trabaja en un hotel junto a un risco en Ravello, Italia, el célebre Hotel Caruso.

Es fácil de identificar. Entre otras razones, uno nota su parecido con Robert De Niro en la saga de *El padrino*. Su formidable nariz romana, su fuerte mentón, su piel color de aceituna y su pelo negro peinado para atrás, todo el conjunto ayuda a hacer la asociación.

Si usted tiene la suerte de pasar algunos días en este hotel, se dará cuenta de algo más. Usted vio a Giovanni tarde en la noche, en el espectáculo de fuegos artificiales de la playa de abajo. Usted se acuerda de haberlo visto al almuerzo también. Ahora lo está saludando en el desayuno.

Usted comienza a pensar, a pesar de que no puede ser cierto, que él ha estado ahí a todas horas todos los días de su estadía.

Usted tiene que preguntar.

"¿Trabaja usted horas extras mientras entrenan a un segundo *maître*?" (El hotel acabó de reabrir sus puertas después de una renovación que duró años y un gran *maître* no es fácil de encontrar en un pueblo italiano tan pequeño.)

"No".

¿No? Usted se da cuenta de que su pregunta es retórica; pensaba que su respuesta sería "sí". Pero, ¿no?

Usted menciona que lo vio al desayuno, durante el almuerzo, en la cena y ahora en el desayuno otra vez. Tal vez existe otra explicación: trabaja tres o cuatro días a la semana dieciséis horas al día, luego el otro *maître* toma el turno por lo que resta de la semana. ¿Es eso?

No. Él dice que trabaja todos los días excepto los domingos.

¿Va a su casa todos los días?

"Sí. Una hora a las 4:00 p.m. para darme un baño y cambiarme para la cena". (Usa un vestido blanco antes de las 4:00 p.m. y uno negro en las noches.)

"¿Noventa y seis horas a la semana?", pregunta usted, después de multiplicar las doce horas entre las 8:00 a.m. hasta las 12:00 p.m. por seis días a la semana.

"Sí".

¡Cielos! ¿Por qué?

"Esto es lo que amo. Amo estar con todas estas personas en este lugar". Y añade inolvidablemente:

"Esto es lo que soy".

Se puede argüir que Giovanni se convirtió en el mejor *maître* del mundo simplemente porque practicó. Trabajando al año el doble de las horas que la típica persona de su profesión, acumuló cuarenta años de experiencia en su carrera de veinte años. Pero no cabe duda de que hay algo más.

Ha encontrado su pasión y se puede sentir. Usted quiere estar cerca de él, ser servido por él, pensar que el sentido de su vida se ha elevado por él.

Usted sabe que él hará cualquier cosa para hacer que su visita sea perfecta.

Y lo hace.

Permítase vivir su pasión también.

Tres pensamientos, un deseo

Terminamos con tres pensamientos, no, con tres convicciones apasionadas.

Primero, nos han llamado mucho la atención las últimas historias. Nos recuerdan, de forma muy vívida, el poder de dar. El doctor Buck y Arnie dieron porque alguien más lo hizo; Morrie Wagener dio por años y todavía lo hace, y parece realmente rico por eso, y Raphael recibió porque dio.

El título de nuestro libro parece sugerirle: "¿Qué puedo obtener?" Tal vez si existe sólo una respuesta, es la siguiente:

Sólo dé, luego observe.

Segundo, pensamos en *God Bless You, Mr. Rosewater* (Dios lo bendiga, señor Rosewater) en donde el tío rico de Eliot Rosewater le da consejos para obtener el éxito. Sabiendo que Eliot carece de las cualidades de una persona comprometida, su tío le habla sobre la suerte:

"Algún día una gran suma de dinero cambiará de manos, Eliot", le dice. "Ubícate en la mitad".

El éxito está ahí afuera. Algunas veces usted lo alcanza si lo persigue. Otras veces usted simplemente se encuentra en el camino de la suerte cuando ésta pasa y lo golpea.

Vaya a donde no quiere ir. Vaya por el camino de la suerte.

Finalmente, nuestro título suena narcisista. (La difunta Katharine Hepburn, una narcisista famosa y declarada, tituló su autobiografía *Me* (Yo), y no podemos resistir añadir la cita de Fred Allen sobre los narcisos: "Lo vi caminando tomado de la mano de sí mismo".) La lección irónica, sin embargo, es que rara vez obtenemos el éxito solos; lo logramos a través de otros. Los demás se convierten en nuestros clientes, consejeros, amigos, mentores y prestamistas. Al entender a los demás, incrementamos las posibilidades de encontrar nuestro lugar.

Algún día esto hará que usted gane dinero, pero todos los días lo hará más completo.

Usted puede ser como uno de los coautores, un introvertido; muchos lectores lo son. Es posible que no se sienta a gusto en este mundo de relaciones, un zurdo en un mundo de diestros, y que seguir nuestras recomendaciones le sea difícil. Entendemos.

Siga jugando. Y piense que cada día usted puede hacer mucho más para crecer, y cosechar los beneficios. Pensamos en las palabras de cierto poeta que a menudo nos habla en una frase: Viva los problemas, y no se preocupe cuando persistan.

Finalmente, pensamos en Henry David Thoreau. Legendariamente sólo en Walden Pond, en comunión con la naturaleza y tal vez con Dios, Thoreau nos animó a todos nosotros a disfrutar de la vida.

Como E. B. White dijo de él, Thoreau estaba diciéndonos que "todos los días son una invitación a un baile".

Una notable selección de palabras. De todos los escritores en la historia, ninguno ha sido más difícil de visualizar bailando un bolero, mucho menos una samba, que Thoreau. Pero ahí está su ruego, el último mensaje para todos nosotros:

Vaya al baile de la vida. La vida es maravillosa, y se vive en un instante.

Nosotros tratamos de ir al baile cada vez que podemos, y las palabras de este libro nos han ayudado. Esperamos que lo ayuden a usted también.

¡Vaya!

CHRISTINE Y HARRY

Agradecimientos

¡Hemos terminado por fin, hemos terminado por fin, gracias a Dios Todopoderoso, terminamos por fin!

Estamos muy agradecidos con todos los que nos dieron la oportunidad de hacer este libro y por su ayuda:

Con nuestros hijos, fuente de inspiración, Tim, Harry, Will, Brooks, Cole y Cooper. Son nuestra bendición inefable. Esperamos que este libro les sea de utilidad.

Con nuestra familia numerosa, incluidos nuestra hermana Pam Haros y nuestro cuñado Nick Haros, nuestros hermanos Greg y James Meyer, Neda Weldele, nuestra madrastra Stephanie Meyer, John, Bette, y Bill Clifford, Alice Beckwith, Jim y Becky Powell, y David y Cindy Beckwith por habernos rodeado de amor y darnos su apoyo.

Con Cliff Greene y Sue Crolick, quienes pusieron este tren en movimiento; David Potter, Ron Rebholz, William Clebsch, Clifford Rowe, David Kennedy y Paul Robinson, los estupendos profesores de Harry; Stephanie Prem y Cathy y Jim Phillips; y John McPhee, E. B. White, Kurt Vonnegut Jr. y Theodor Geisel.

Con Pat Miles, Pat y Kathy Lewis, Margie Sborov, el doctor Buck Brown, Larry Gatlin, Ruth Ann Marshall, Bill Coore, Arnold Palmer, Bob Brown y Bill Bartels, el doctor Burton Schwartz, el doctor Tae Kim, la doctora Margit L. Bretzke, Gerald McCullagh y Jack Lindstrom.

Gracias a Ty Votaw y a Bill Passolt.

Este libro no hubiera podido concebirse sin el talento y la continua paciencia de las personas que hacen parte de Warner Books, quienes demostraron que hay partes de Nueva York tan cálidas como cualquier pueblo del Sur: Rick Wolf, por supuesto, Sharon Krassney por lo que parece una eternidad, el espléndido dúo de Giorgetta Bell McRee y Bernardette Evangelista, y Jason Pinter y Dan Ambrosio.

Estoy particularmente en deuda con la mujer que demostró, tan vívidamente, la sabiduría de hacer lo que parece incómodo cómodo. Ese día, no quería irme para Portland, Oregón, a hablar, particularmente por la compensación, que era cero. Me fui de todas formas y la compensación resultó ser enorme. Encontré lo que me hacía falta en la vida: Christine. El resto es personal, y muy largo para explicar aquí, especialmente con palabras que muchos no entenderían. "Más que fabuloso", como diría Christine, a lo cual yo contesto: "Más que agradecido".

—HGB

Este libro está dedicado a nuestro sobrino Adrian, con profunda tristeza y la esperanza de que nuestro mundo sea mejor gracias a su sacrificio. Si es así, nos esperan cosas maravillosas.